Albert Sonntag
Mit Graf Zeppelin und Kondor-Flugzeugen nach Brasilien!
Reiseeindrücke mit Fotografien von 1932

SEVERUS Verlag

Sonntag, Albert: Mit Graf Zeppelin und Kondor-Flugzeugen nach Brasilien! Reiseeindrücke mit Fotografien von 1932. 2021
Neuauflage der Ausgabe von 1932
ISBN: 978-3-96345-331-1

Korrektorat: Tamara Boerner, Judith Hanke
Satz: Judith Hanke

Umschlaggestaltung: Annelie Lamers, SEVERUS Verlag
Umschlagmotiv: © stanislav-kondratiev / pexels.com

Bibliografische Information der Deutschen Nationalbibliothek: Die Deutsche Nationalbibliothek verzeichnet diese Publikation in der Deutschen Nationalbibliografie; detaillierte bibliografische Daten sind im Internet über https://dnb.de abrufbar.

Der SEVERUS Verlag ist ein Imprint der Bedey & Thoms Media GmbH, Hermannstal 119k, 22119 Hamburg

SEVERUS Verlag, 2021
http://www.severus-verlag.de
Gedruckt in Deutschland

Albert Sonntag

Mit Graf Zeppelin und Kondor-Flugzeugen nach Brasilien!

Reiseeindrücke mit Fotografien von 1932

Editorische Notiz:
Der Text der vorliegenden Edition beruht auf der Ausgabe:
Albert Sonntag: Mit Graf Zeppelin und Kondor-Flugzeugen Europa–Brasilien!, Selbstverlag des Verfassers, Druck und Herstellung: Kölln-Verlag, Bonn am Rhein, 1932. Die Orthographie wurde behutsam modernisiert, grammatikalische Eigenheiten bleiben gewahrt. Die Interpunktion folgt der Druckvorlage. Der Inhalt ist im historischen Kontext zu lesen.

Inhalt

Vorwort des Verlags

„Zeppelingeist und Zeppelintreue ist die Kraft der Zeppelinerfolge!"

Diese Worte beschreiben Albert Sonntag (1894–1935) nicht nur in seiner Leidenschaft zur Luftfahrt im Allgemeinen, sondern vor allem auch in seiner Faszination zum Luftschiff „Graf Zeppelin". Dieses war für ihn nicht nur aufgrund des technischen Fortschritts von Bedeutung, sondern bot ihm auch eine ganz besondere Möglichkeit: seine erste Atlantiküberfahrt.

Sonntag studierte nach dem Abschluss am Gymnasium zunächst zwei Semester Jura, um dann jedoch seine berufliche Laufbahn mit einem Job im Verwaltungsdienst des Bürgermeisters von Wesseling (zwischen Bonn und Köln) zu beginnen, zunächst im Bereich des Bahnverkehrs. Er wechselte zu unterschiedlichen Stationen innerhalb des Verwaltungsamtes und wurde unter anderem an die Seite von Generaldirektor Anton Kotschenreuther gestellt, der für die allgemeinen Verkehrsbetriebe für Bonn und Umgebung zuständig war. Hier wurde er als Sachbearbeiter für die Luftfahrt eingesetzt, wodurch er erste Berührungspunkte mit der Luftfahrt schuf und somit den Grundstein für seine spätere Karriere im Flugverkehr setzte. Doch zunächst musste er im Ersten Weltkrieg an der Westfront als Kriegsfreiwilliger dienen und wurde von 1914 bis 1918 als Beobachter im Korb eines Fesselballons eingesetzt. Nach Kriegsende intensivierte sich nicht nur seine berufliche Auseinandersetzung mit der Luftfahrt und er unterstützte die Wiedergründung des Luftsportvereins Bonn, für den er danach viele Jahre ehrenamtlich tätig war.

In diesen 1920er Jahren setzte Sonntag sich trotz des Flugverbots durch die Besatzungsmächte zusammen mit Generaldirektor Kotschenreuther unermüdlich und unter persönlichen Opfern dafür ein, den Flugbetrieb auf seinem heimatlichen Sportflugplatz Hangelar aufzubauen und wurde 1926 schließlich zu dessen Flug-

hafenleiter ernannt. Der Flugplatz wurde trotz der strengen Verbote der französischen Besatzer gestattet, da Sonntag ihn als Sportflughafen ausschrieb, dessen Ziel lediglich die Sportfliegerei sei. Hier glänzte er nicht nur durch seine eigenen fliegerischen Talente als Freiballonfahrer sowie Segel- und Motorflieger, sondern war auch als Initiator in der Lage, neben vielen weiteren Flugtreffen nicht nur die Austragung der ersten deutschen Damenkunstflugmeisterschaft zu organisieren, sondern auch den Besuch des Luftschiffes „Graf Zeppelin" im Jahr 1930.

Bereits im Jahr zuvor hatte Sonntag die „Luftschiffbau Zeppelin GmbH" in Friedrichshafen kontaktiert und eine Landung des Luftschiffes in Hangelar vorgeschlagen. Aufgrund seiner guten Kontakte zu einigen Entscheidungsträgern in dieser Sache konnte das Ereignis stattfinden, das auch für Sonntag persönlich eine Herzensangelegenheit war. Da die Landung des Luftschiffes einer umfangreichen Vorbereitung bedarf, reiste Sonntag persönlich nach Friedrichshafen, um sich für die Landung des „Graf Zeppelin" in Hangelar schulen zu lassen. Hierfür war eine große Anzahl an Helfern als sogenannte Haltemannschaft notwendig, die normalerweise von der „Luftschiffbau Zeppelin GmbH" gestellt, aber vom Veranstalter bezahlt wurde. Um Kosten zu sparen, organisierte Sonntag diese Haltemannschaft für die Landung in Hangelar aus Bediensteten der Stadt Bonn selbst, sodass die Zeppelingesellschaft für dieses Ereignis das erste und einzige Mal darauf verzichtete, ihre eigene Haltemannschaft zu entsenden. Zwei Jahre nach diesem spektakulären Ereignis in Hangelar erhielt Sonntag dann eine Einladung zur Atlantiküberfahrt nach Brasilien mit dem „Graf Zeppelin" als Anerkennung und Dank für seinen unermüdlichen Einsatz für die deutsche Luftfahrt. Sonntag beschreibt diese „Weltreise" als Höhepunkt seines Lebens.

Schon kurz darauf, im Jahr 1933, entließen die Nationalsozialisten Sonntag aus seinem Amt als Flugplatzleiter in Hangelar. Die gegen ihn in einem Dienststrafverfahren erhobenen Vorwürfe, u.a. Benzinveruntreuung und finanzielle Unregelmäßigkeiten, konnten zwar nie nachgewiesen werden, dennoch trat er sein ehemaliges Amt nicht wieder an. 1935 kam er als Passagier eines Transportflugzeugs bei einem tragischen Unfall ums Leben und wurde

4

vor seiner Beisetzung am Nordfriedhof öffentlich am Bonner Hauptbahnhof aufgebahrt. Nach dem Zweiten Weltkrieg wurde seiner Frau die Ehrenmitgliedschaft im Verein des Sportflughafens Hangelar angeboten und im Jahr 1977 taufte sie das neue Vereinsflugzeug „Albert Sonntag".

Als weitere Erinnerung bleibt der vorliegende Reisebericht von der Atlantiküberfahrt im „Graf Zeppelin"[1], damals das erfolgreichste und wohl auch bekannteste Luftschiff. Zwar war dies für das Luftschiff und den größten Teil der Crew nicht der erste Flug über den Atlantik, für Sonntag bedeutete diese Fahrt aber die Erfüllung eines Lebenstraums. Was heutzutage, bei ca. 1.000 Transatlantikflügen pro Tag, als nahezu selbstverständlich gilt, war für Sonntag vor knapp 100 Jahren ein unglaublich großes Ereignis. Die Route der Reise führte ihn und seine Mitflieger von Deutschland aus über das Mittelmeer und Gibraltar an der westafrikanischen Küste vorbei bis nach Recife, Brasilien. Von dort aus wurden während des vierwöchigen Aufenthalts kleinere Flugreisen wie z.B. nach Rio de Janeiro unternommen, die Sonntag unter anderem als schönste Stadt der Welt bezeichnet. Auf der Reise wurden insgesamt 21.000 Kilometer und über 190 Flugstunden zurückgelegt. Allein der Hinflug aus Deutschland dauerte 68 Stunden – heute ist ein Direktflug in ca. 15 Stunden zu bewältigen.

Sonntag verfasste das vorliegende Reisetagebuch, um die Eindrücke und Erlebnisse dieser besonderen Reise für die Daheimgebliebenen und für andere Luftfahrtbegeisterte festzuhalten. Dabei war es ihm wichtig, ein möglichst detailliertes und vor allem realistisches Bild der Gegebenheiten darzustellen, die durch seine selbst geschossenen Fotos noch ergänzt werden. Aus diesem Grund wurden weder von ihm geäußerte Ansichten noch etwaige, heute als anstößig betrachtete Ausdrücke angepasst, um diesen möglichst authentischen Einblick in die Blütezeit der Luftschiffe beibehalten zu können. Der Flugverkehr war zur damaligen Zeit noch nicht so selbstverständlich wie heute und somit eröffnet

---

1   Anm. des Verlags: Im SEVERUS Verlag ist hierzu auch ein Bildband erschienen: Bedey, Björn (Hrsg.): „Graf Zeppelin" – Eine Reise um die Welt im Luftschiff. Hamburg 2019.

Sonntag mit seinem Bericht den Lesern einen Einblick in eine scheinbar vergangene Zeit, die aus unserer heutigen Perspektive noch einmal neu gelesen werden kann.

Judith Hanke

Severus Verlag

Dem Luftschiffbau

Z e p p e l i n

Zum Geleit!

Am 17. Juli 1909 schob man aus einem Schafstall auf dem „Hangelarer Exerzierplatz" eine „Flugmaschine" und an den Tragflächen des motorlosen Doppeldeckers, der schon wenige Tage später einen Trümmerhaufen bildet, stand der Tertianer Albert S o n n t a g .

Seit diesem eigentlichen Geburtstage des „Flughafen Hangelar" bedeutet das Leben dieses Mannes Werbung für die deutsche Luftfahrt: Zuerst als „Jungflieger" im „Flugmodell-Club", zeitweise zusammen mit dem Bonner Altersgenossen Gerhard Fieseler, heute mehrfacher deutscher Kunstflugmeister, dann vom ersten bis letzten Kriegstage bei der Luftschiffertruppe. In der noch schwereren Nachkriegs- und Besatzungszeit war er unter seinen unermüdlichen Freunden Peter Kalt, Hans Nowack†, Erich Paffrath, Karl Birneburg und Hans Wißkirchen die treibende Kraft und seit dem Abzug der Besatzung ist er mein Sachbearbeiter für Luftfahrt, des „Luftverkehr Siebengebirgsflug" innerhalb meiner Verkehrsdezernate.

Der Flughafen Hangelar, durch Herrn Sonntags Pionierarbeit „der Sportflughafen des Westens", mit allen Flugsportgrößen unserer Zeit am Start bei seinen glänzenden Flugtagen, wurde gekrönt von der unvergesslichen Landung des „Graf Zeppelin" am 22. April 1930 vor mehr als 100.000 Zuschauern.

Unzählige Flugfreunde gewann Sonntag durch Wort und Schrift, insbesondere durch seine zahlreichen Werbevorträge für die deutsche Luftfahrt und fand endlich durch die Einladung zur Südamerikafahrt mit dem „Graf Zeppelin" eine Anerkennung für seine jahrzehntelange vorbildliche Tätigkeit.

Möge das vorliegende Schriftchen weitere Freunde und Gönner der deutschen Luftfahrt bescheren und nicht zuletzt – unserem „Flughafen Hangelar".

Kotschenreuther
Generaldirektor der Verkehrsbetriebe von Bonn und Umgebung

Vorwort des Verfassers

Ein bekannter Flieger sagte mir mal, er stelle sein Schrifttum und seine Vorträge ein, denn das immer wiederkehrende Herableiern des Erlebten, vielleicht auch ungewolltes Ausschmücken zum notwendigen Publikumserfolg, nehmen ihm so viel von gekosteter Schönheit weg, dass er lieber auf alles verzichten möchte. Dass er recht hat, ist nicht abzustreiten, ob es aber berechtigt ist, kein großes Erleben für sich zu behalten, Zehntausenden, die sich nach einem kleinen Prozentsatz der Erlebnisse sehnen, das vorzuenthalten, möchte ich bezweifeln, abgesehen davon, dass der Luftfahrer noch eine besondere Verpflichtung zur Werbung hat.

Aus beiden Standpunkten ziehe ich die goldene Mitte: Was ich erlebte und sah (und auch fotografierte), habe ich sozusagen stehenden Fußes notiert, in kurzen Abständen aus meiner „Klein-Adler" herabgetippt und beim Abschluss auch bewusst auf eine stilistische Durcharbeitung, Gruppierung und schöne Worte verzichtet. Zeitungsdeutsch würde es mein alter Professor nennen! Und so seien diese Reiseerlebnisse ohne jedwede Abänderung, Verschönerung und Verbesserung der Öffentlichkeit übergeben. Ich habe keine Lust, jeden Abend in anderer Gesellschaft oder an Stammtischen meine Kapitel abzuleiern und auch keine Zeit, ein formvollendetes Buch mit recht vielen schönen Redewendungen zu schreiben. Auch kein abschließendes Urteil und vor allem keine Kritik über Brasilien habe ich abgegeben, sondern nur niedergelegt, was ich in vierwöchigem Aufenthalt in Brasilien gehört und gesehen habe.

Der teilweise aus einem Abdruck in der „Deutschen Reichszeitung" stehen gebliebene Drucksatz wurde benutzt, denn billig, billig musste das Schriftchen werden, damit von dem Erlös möglichst viele Freiexemplare an Jungflieger und Interessenten verteilt werden können. Aus dem Entgegenkommen des Luftschiffbaus Zeppelin möchte ich persönlich kein Geschäft machen.

Unter all' diesen Einschränkungen und Voraussetzungen entstand dieses kleine Büchlein mit dem Hauptzweck meiner Aufzeichnungen: ein lebendiges und vor allen Dingen wahrheitsgetreues Bild der großen Reise festzuhalten und damit

für die deutsche Luftfahrt zu werben.

Albert Sonntag

Bonn, im Mai 1932

Vorbereitungen und Abschied

„Albert … Albert – ach die Verständigung ist so schlecht – Albert,
verstehste, Du fährst mit, – ja – nach Südamerika, der Doktor
hat das soeben entschieden, heute Nachmittag bekommst Du
ein Telegramm – und morgen früh einen Eilbrief, da steht alles
drin – besorg Dir schon einen Pass mit Daumenabdruck – ich bin
ja so glücklich, dass Du mich begleitest."

„Vielen herzlichen Dank, lieber alter Herr" kann ich nur noch
herausbringen. (Trotzdem es so viele Doktoren im Luftschiffbau
gibt. „Der Doktor", das ist Dr. Eckener und „Der alte Herr", das ist
Prof. Milarch, der Begründer aller Bonner Luftfahrt, dessen erster
Vortrag im *auditorium maximum* der hiesigen Universität am 28.
April 1909 mich für immer für die Luftfahrt fesselte.)

Und nun geht das Rennen los, eine Mobilmachung ist nichts
dagegen. All' die Bescheinigungen und Ausweise, das ist kaum auf-
zuzählen. Der Nachweis meiner tatsächlich erfolgten Geburt ist
nach Vorlage des Familienstammbuches, zudem als mehrfacher
Familienvater, ziemlich leicht erbracht; aber das Führungszeug-
nis hält schon schwerer, insbesondere der Nachweis, dass man
keine silbernen Löffel gestohlen hat, denn wer in den letzten 5
Jahren vorbestraft ist, kommt nicht ins gelobte Land nach Amerika hinein. Stundenlang laufen meine Frau und ich zwischen den
einzelnen Büros hin und her, trotzdem man es uns so leicht wie
möglich gemacht hat. Auf dem vorgeschriebenen Instanzenwege
wäre es überhaupt nicht möglich, all' die Papiere für eine „Weltreise" binnen 3 Tagen aufzubringen. Mit dem Pass geht's schon
an und für sich rasch, dann aber noch der Daumenabdruck. Also
herauf zur Kriminalabteilung, den Daumen über einen mit Dru-
ckerschwärze beschmierten Stein gewälzt und dann auf das Papier
getupft. Noch zweimal zurück, denn der Daumenabdruck muss
polizeilich bescheinigt werden, schließlich fehlt noch der Stem-

pel. So, nun wäre der Pass fertig, Personalien nochmal überprüft, Frau und Kinder sind nicht mit aufgeführt, da sie nicht mit herüberfahren – wird mir gesagt. „Also könnten Sie sich drüben mal so ein wenig verheiraten, ohne aufzufallen", sagte der Kriminalbeamte. Und nun zeigt er mir noch so allerhand Interessantes, Steckbriefe, Fotos vom Durbuscher Mordfall und internationalen D-Zugdieben. Gips-Fußabdrücke, alles soll ich sehen, Kinder, es ist ja so interessant, aber ich stehe auf heißen Kohlen. Später mal, wenn ich wieder zurück bin, dann will ich ihm dafür auch unseren Flughafen Hangelar und seine Flugzeuge zeigen. – Weiter zum Kreisarzt, vorne und hinten muss ich mich impfen lassen, das verlangt man drüben ganz besonders streng, wenn ich auch der Überzeugung bin, dass nach ca. 35-maliger Kriegsimpfung nichts mehr „anschlägt". Eine Bescheinigung der Anstellungsbehörde, dass ich in Verdienst und Arbeit bin und drüben auf keinen Posten reflektiere, ist rasch da, wieder polizeiliche Beglaubigung. Und immer wieder Gebühren, 3 RM., 6 RM., 10 RM. und noch mehr. Mein Urlaubsgesuch ist raschestens erledigt, da der seit 2 Jahren aufgelaufene Urlaub Gott sei Dank noch nicht „abverdient" ist. Schließlich ist ein ganzer Packen Post, den ich nach Köln zum nächsten Zug bringe, nach Hamburg zum brasilianischen Konsulat, wieder 11 RM. – Und dann die Lauferei durch die Geschäfte, weiße Anzüge, leichte Wäsche, Schillerkragen und Gott weiß was für Kleinigkeiten fehlen noch; hundmüde hinke ich zu Hause in meinen Schreibtischsessel. Aber da schrillt auch schon das Telefon, gute Freunde, die teils aus Spaß, teils im Ernst fragen, ob ich sie nicht mitnehmen könne: als Gepäckträger, Laufburschen, Damen als Telefonistin oder – „Klapperschlangen", eine meint sogar offenherzig, ich führe mit, selbst als – Klosettfrau! Ich kann nur sagen, ich armes Würstchen bin ja selbst froh, dass ich „mitgenommen" werde.

Unser „gutes Zimmer" wird zum Heerlager, alles wird auf Tischen und Stühlen zusammengelegt, was irgendwie brauchbar und unentbehrlich erscheint. Dann kommt die letzte Auslese. Am meisten ins Gewicht fallen natürlich die Lichtbilder, denn damit sollen wir ja drüben arbeiten. – Abends „Familienrat". Sollen wir's unserer alten Mutter sagen, nein, lieber erst, wenn ich erst gut

drüben wäre. Ich protestiere, unsere Mutter hat so viel im Kriege um uns gebangt, ist vor Jahren als 70-Jährige noch mitgeflogen, da kann sie nur die nackte Wahrheit vertragen. Seht ihr nicht, wie sie im Haus herumschleicht und uns misstrauisch beobachtet, sie ahnt, dass etwas Besonderes im Hause vorgeht. So sagen wir es ihr denn und sie ist ganz einverstanden. – Immer noch, bis in die späte Nacht hinein hat das Telefon, Gott weiß, wie viele Bekannte ich habe, viele ehrliche Glückwünsche und alle wollen sie recht viele seltene Freimarken haben. Ich rechne mir kurz vor der Abreise aus, dass ich mehr an Postkarten verschreiben müsste, um allen Wünschen nachzukommen, als ich überhaupt an Reisegeld mitnehmen kann.

Die Abreise rückt immer näher, viel zu wenig Zeit bleibt übrig für die Familie und schließlich ist es doch eine Erlösung als der D-Zug einläuft; kurzer Abschied, der Zug rollt ab, winken, winken … es geht nach Südamerika! Am Bahnübergang der Poppelsdorfer Allee rufe ich noch einen Bekannten an, ich zünde mir eine letzte „Bonner Husar" an; draußen wird's immer dunkler, bei einem Glase Bier im Speisewagen werde ich wohl die innere Ruhe wiederbekommen. Ein Herr versucht, mit mir ins Gespräch zu kommen – und ich könnte ihm doch so viel erzählen, aber ich will nicht. Die Abteile sind dicht gedrängt, zwar nebenan ist Platz, da sitzen nur drei dunkle wilde Gestalten, Kroaten, die auf Italien schimpfen; keiner wagt sich hinein, man bleibt lieber draußen im Gang auf den Koffern sitzen. Gegen Nacht steigen nette Skihaserl zu, sie wollen zum verlängerten Wochenend. Von Bruchsal bis Ulm löse ich zweiter nach, um langausgestreckt schlafen zu können. Im Ulmer Bahnhof treffe ich bei einer Tasse Kaffee einen Euskirchener Holzhändler, die heimische Sprache mit dem Eiseler Einschlag tut einem richtig wohl. Leider geht's nur im Bummelzug weiter, dann und wann schlafe ich wohl ein bisschen, nun kommen wir am Löwentaler Flughafen vorbei mit der neuen großen Luftschiffhalle für den späteren Verkehrsbetrieb, während Friedrichshafen-Riedle Park mit seiner neuen Halle dem Baubetrieb vorbehalten ist.

Friedrichshafen Stadtbahnhof!! Der Dienstmann kennt seine „Stammgäste", wortlos greift er nach meinen Koffern, er weiß, wo es hingeht. Knapp bin ich im Quartier, da ruft auch schon der alte Herr an, er ist schon im Luftschiffbau. Kaum finde ich Zeit, mich etwas zu waschen, dann stehe ich vorm Außenpförtner, der mich aber auch sofort wiedererkennt. Von hier sind's 800 Meter zum Innenpförtner, jeder einzelne Passant wird telefonisch weitergemeldet, dann erst kommen die verschiedenen Haus- und Hallenpförtner. „Ja, wir wissen schon, Sie fahren ja mit, der alte Herr ist auch schon da." – Und da sitzt er an seinem Schreibtisch schon in voller Arbeit. –

Wir beide sind uns in unserer Arbeitsteilung schon seit langem vollständig einig – und so sind die letzten Vorbereitungen rasch getroffen, ja wir können als Erste unser Dienstgepäck am Schiff abgeben. Bilder, Filme, Fotos, Zeichnungen vom künftigen Luftschiffhafen Recife (im Staate Pernambuco) in Brasilien, Schreibpapier, Bleistift, kurz unser ganzes „Hauptbüro", Briefordner, Locher, Tagesbuchkladden, Wetter- und Streckenkarten usw. Auf einem kleinem Handwagen fahren wir behutsam zur großen Halle – da liegt unser braves Schiff „Graf Zeppelin" – und geben unsere Sachen ordnungsmäßig an die Schiffwache ab. Noch vieles ist in den letzten Stunden zu regeln, begierig lauscht man auf alle erreichbaren Nachrichten! Wie ist's Wetter, geht's über Marseille und die Balearen nach Gibraltar oder quer durch Südfrankreich zur Biskaya? Laufen wir Dakar an, an der afrikanischen Westküste, von wo aus später die franz. Post mitgenommen werden soll?

Bestimmtes erfahren wir nicht, warten wir also ab. 0.30 Uhr – Frühlingsanfang – fahren wir ab!

Erste Südamerikafahrt 1932

(Hinfahrt)

Der Uhrzeiger geht viel zu langsam, die letzten Stunden vor der Abfahrt sind die ungemütlichsten, wir trinken hier und da noch ein Glas Bier – unser Gepäck ist längst schon zur Halle gebracht – schließlich rauchen wir wieder zum soundsovielten Male die unwiderruflich letzte Zigarre, vor deren dreitägigem Verzicht so sehr bangt, dann nehmen wir uns ein Auto und fahren zur Halle hinaus, es wird uns zu lang. Das Westtor ist schon geöffnet, die letzten Vorbereitungen werden getroffen, helle Bogenlampen erleuchten das von unberührtem Schnee glänzende Flughafengelände. Am Eingang stehen Tonfilmleute mit grell leuchtenden Jupiterlampen, alte Bekannte, die uns nur zu gerne begleiten möchten, so müssen sie sich auf die Parterreaufnahme beschränken. – Der Omnibus mit den übrigen Passagieren kommt an, Dr. Eckener und seine Navigationsoffiziere gehen ins Schiff, man fordert uns auf, Platz zu nehmen, einige gute Bekannte schütteln uns noch die Hand, plötzlich erkennt mich mein früherer Feldwebel vom Luftschifftrupp 5 in Düsseldorf wieder, ein kurzer Händedruck, wir sprechen uns bei der Rückkehr ... Luftschiff abwiegen, noch verschiedene Kommandos – Luftschiff marsch, ... der Riesenleib setzt sich in Bewegung, ohne viel Lärm, ein stummes Winken allerseits ... Als die Spitze des Schiffes frei ist, schwenkt sie in den Wind ein, die letzten Taue werden gelöst, noch einmal ein kurzes Abwiegen ... Luftschiff hoch ... Kräftige Fäuste stoßen uns ab ... Gleichzeitig kommen die Motoren in Gang ... „Auf Wiedersehen, Muttchen", ruft neben mir ein Passagier ... Frauen winken mit immer kleiner werdenden Taschentüchlein, wir haben die große Fahrt über den Ozean angetreten. Der hell erleuchtete Bahnhof von Friedrichshafen liegt schon unter uns, die große breite, mit finanzieller Unterstützung des alten Grafen erbaute Friedrichstraße, die Zierde der

Stadt, das Kurgarten-Hotel, jetzt sind wir schon überm See und steuerbord achtern verschwindet die bläulich erleuchtet scheinende Luftschiffhalle. Wir mögen wohl in 300 Meter Höhe fahren, so erreichen wir die Rheinmündung, eine herrliche helle Nacht, fast Vollmond, der Rheinfall von Schaffhausen mit dem großen Kraftwerk hebt sich deutlich ab. Mit 130 Kilometer/Stunde erreichen wir Basel, das ich von meiner letzten Fahrt her deutlich wiedererkenne, auf dem Flugplatz blitzt kurz ein Licht auf. – Es gibt wenig mehr zu sehen, Lichter und immer wieder Lichter, größere und kleinere Orte, dann sieht man sich lieber im Salon um, lernt sich gegenseitig kennen und sich näherkommen, wobei eine Pulle „Alter Schwede" rasch ein besonders enges Band schlingt. Kameraden, es wird kühl, diese Nacht werden wir noch frieren – und morgen Nacht werden wir es in unseren Kojen kaum vor Hitze aushalten können. – Eine ganz besondere Eigenart hat nämlich diese erste Fahrt! Wir fahren noch im Winter ab, den ersten Tag aber schon erleben wir im Frühling, auf hoher See werden wir Sommer haben und wenn wir in Pernambuco ankommen, ist dort Herbst! Wir überholen mit unserem schnellen Schiff alle Jahreszeiten! Wir verlangen nach der Weinkarte, bald steht eine Macon Superieur vor uns … man lacht und scherzt … zusehends wird die Zahl der Passagiere im Salon kleiner, einer nach dem anderen empfiehlt sich, dann versorge ich meinen „alten Herrn" (Prof. Milarch), der diese erste Nacht neben dem Passagierraum schlafen will, wickele ihm eine Decke um die Füße, damit er nicht friert, dann gehe ich auch zur Ruhe. Es empfiehlt sich, in dieser Nacht noch das Unterzeug anzubelassen, zu den Decken wird noch der Mantel hinzugenommen und unter dem Brummen der nahen E-Gondel, wo der elektrische Bedarf des Schiffes erzeugt wird, schlafe ich rasch ein.

Mit einem leisen Schreck wache ich wieder auf, es ist so unheimlich ruhig an Bord, ob man mich mit Absicht so lange hat schlafen lassen? Ich lehne mich aus meinem Bett heraus und gucke durch die Bullaugen, ich kann's mir nicht erklären, das sieht so aus wie geringelter Schnee. Da wir keine Damen an Bord haben, man also vor – für die Gegenseite – peinlichen Begegnungen im Aufgang sicher ist, schlage ich mir meinen Mantel um, öffne vorsichtig die Türe zum hell erleuchteten Salon, in dem der Steward aufräumt

und höre von ihm, dass wir bereits seit einer Stunde über dem Mittelmeer sind. Wir haben Besançon und Lyon passiert, sind bei St. Marie (nahe Marseille) aufs Meer gestoßen, das sehr bewegt ist. Noch ziemlich dunkel ist das Wasser, aber es schäumt aus, so dass man auch als Landratte sich einen Begriff von dem herrschenden Seegang machen kann. Und als wenn es mir besonders deutlich vor Augen geführt werden sollte: ein Frachtdampfer begegnet uns, dauernd wird seine Nase tief ins Wasser gedrückt und schwere Wellen gehen bis ungefähr mittschiffs über ihn weg. Unser braves Schiff merkt natürlich von all dem nichts, unten mag's viele Seekranke geben, hier wird man noch nicht mal wach davon. – Es tagt, nun wird das Wasser immer heller und schließlich hellblau, so wie man es immer hat erzählen hören. – Wir haben große Fahrt, laufen teilweise mit 160–180 Kilometer „über Grund" in der Stunde, ein gütiger NO drückt uns, wir könnten es noch rascher schaffen, aber die Zeppelinleute sind wirtschaftlich denkende Luftfahrer, der hintere Motor ist schon seit Stunden stillgelegt, wir fahren nur mit 4 Maschinen ... Nachdem ich mich satt gesehen habe, lege ich mich nochmal hin, allerdings mit dem Erfolg, dass ich erst zum Frühstück im Salon erscheine, als schon beinahe abgetragen werden soll. Schadet nichts, ich habe nichts versäumt, wohl aber die anderen. (In dem geräumigen Waschraum habe ich mich bequem und ruhig fertig machen können.)

Von ferne haben wir die Insel M e n o r c a gesehen, jetzt kommen wir an die viel größere Mallorca heran, fahren über dem langgestreckten Eiland in wenigen Kilometern Abstand entlang, an dessen Spitze ein abgesprengter schroffer Fels mit alter Burg und Leuchtturm – Dragonera genannt – liegt. Tiefblau ist das Meer, heiter und wolkenlos der Himmel, nur vereinzelte Stratokumuli zeigen sich backbord.

Nun begegnen uns auch die ersten Schiffe, kleinere Segelboote. Immer auf SW-Kurs fahrend, passieren wir die letzten der Inseln I b i z a mit hohen Steilufern, vorgelagerten Felsen; landeinwärts grünt es dagegen immer mehr und zahlreiche Ortschaften heben sich ab. Auf vorspringenden Felsen immer Leuchttürme und Richtungsfeuer, so am markantesten Tajamejo ... Mitten der Insel passieren wir den Ort S t . E u l a l i a (alles grinst und denkt an die gute, alte Tante ...),wieder schroffe Felsenufer, aber ohne Brandung, tiefblaues, unberührtes Wasser. Die Fauna ist recht spärlich, wir machen es als niedrige Pinienwälder aus, versuchsweise scheint man an den Sonnenseiten regelrechte Weinberge anlegen zu wollen. Ziemlich viele neue Häuser sieht man, wenigstens meint man, sie wären neu, nämlich alle weiß oder hell und immer nur Flachdächer. Nun kommt die Hauptstadt Ibiza selbst, ein großes Kastell beherrscht sie.

Dampfer begrüßen uns mit Sirenengeheul, das den Propellerlärm durchdringt, nicht aber hören wir den Jubel der Jugend, die sich da auf einmal aus einem großen Gebäude – wahrscheinlich Schule – ergießt, der Lehrer hinterher im weißen Anzug.

Das Wasser verflacht in ein ungeheures Wattenmeer, im Flachland dagegen erkennt man jetzt eine planmäßige Ackerwirtschaft, man sieht viele höhe Windräder, die zum Wasserschöpfen verwandt werden. Am auffallendsten erscheint uns allen die förmliche Abtrennung einer großen Bucht in ausgedehnte quadratische Felder; man ist sich zuerst über den Zweck dieser Anlagen nicht klar, gewahrt aber dann ausgedehnte Salzhalden. Jetzt treten wieder Felsen in den Vordergrund, die Küste ist wieder stark zergliedert und ausgewaschen, hier schlägt eine mächtige Brandung. Das Wetter ist weiter günstig, nur nimmt die Stratokumulus-Bewölkung zu. Mit besonderem Interesse verfolgt man den Schiffsschatten, kann man doch an ihm die Geschwindigkeit des Schiffes messen; im Kriege haben wir das schon mit Vorliebe gemacht, man weiß ja die Länge des Schiffes, berührt nun die Schiffsspitze einen Weg oder einen Wellenkamm, dann sieht man nach der Uhr, binnen welcher Zeit das Schiff seinen eigenen Schatten durchläuft, woran man sofort die Geschwindigkeit berechnen kann. – Manchmal hat der Schatten einen dunklen „Nachschatten" hinterher, ein Spaßvogel meint, der Schatten wühle das Meer auf, daher komme das, in Wirklichkeit ist es aber die Widerspiegelung der von den Motoren ausgehenden Benzin- und Öl-Dämpfe. Vergebens suchen wir im Landinneren nach einer Eisenbahn, so etwas gibt's anscheinend nicht, jetzt wieder fesselt uns mehr das veränderte Küstenbild, Kalkfelsen mit mächtigen Grotteneingängen, davor halten kleinere Ruder- und Segel-

boote, wohl mit Ausflüglern besetzt. Ein trutziger Einzelfelsen ragt ins Meer hinaus, wir fahren unter seiner Gipfelhöhe, weit und breit kein Baum und Strauch, nur Basaltfels und in all' dieser Einsamkeit – ein Leuchtturm, zwei winzige Menschen stehen davor, muss das dort eintönig sein, nur zahlreiche große Vögel kreisen um Nischen und Höhlennester. – Mit Südkurs verlassen wir La Mola – die Fahrthöhe des Schiffes ist schwer zu schätzen, selbst wir als Flieger – wir sind zu fünf Flugzeugführern an Bord – sind uns nicht darüber einig, das Echolot knallt dreimal auf und zeigt die Fahrthöhe mit 250 Meter an, überhaupt sei's schon vorweggenommen, dass unsere größte Höhe während der ganzen Fahrt 350 Meter betrug. – Die See ist flach wie ein Teller, nur hier und da im Wind sich leicht kräuselnd. – Der Steward macht seinen bekannten Witz, dass ein Haifisch unterm Schiff sei, manche glauben es ihm. – Die nachfolgenden „Städte" Puercos, Ahorcados, Cala Lientres usw. bedeuten nichts Neues. Nun geht's wieder auf die offene See, auf Cap de Palos zu. Man sieht Schiffe aller Art, so alle halbe Stunde, und trotzdem scheint das Meer so vereinsamt, besonders wir von oben begreifen die ungeheure Flächenausdehnung. Alles hält Ausschau nach dem Festland, wir haben gerade die Uhr um eine Stunde zurückgestellt, da kommt auch schon die spanische Küste in Sicht, genau wie uns die Navigatoren gesagt hatten, kommen wir am Mar Marion aus, einem Küstensee d.h. eigentlich ist es offene See, die durch eine schmale Landzunge abgetrennt wird. Auf einer anderen, uns entgegenkommenden, lagunenartig vorspringenden Landzunge erhebt sich ein besonders hoher Leuchtturm. Das Küstenbild ist vorerst flach, dann aber wieder schroff abfallendes Gebirge, teils 2–300 Meter hoch direkt ins Meer abfallend, hier und da auch wieder etwas zurücktretend und schmalen Tälern Platz machend ...

Die Tische werden gedeckt, Platzkarten und Tischordnung ausgegeben, die Speisenfolge ausgelegt ... und gerade jetzt, als Dr. Eckener und seine Getreuen den Salon betreten, ausgerechnet jetzt vor dem ersten Mittagessen ein ganz kurzes Schwanken; das war aber auch während der ganzen Fahrt das einzige, deshalb sei's erwähnt und ... es war noch nicht mal so heftig wie in der kreischenden Kurve einer Straßenbahn.

Wir Flieger an Bord stimmen jetzt schon überein, dass das Reisen über große Strecken im Luftschiff bedeutend angenehmer und viel komfortabler sei als in den Flugzeugen von heute. Mit 135km gondeln wir der spanischen Küste entlang, die nach bekannten Bildern ein Stück nordischer Fjorde sein könnte.

Die Stimmung an Bord ist ausgezeichnet, man bleibt nach dem Essen zusammen sitzen, die Herren Schiffsführer, die zwischen die Gäste verteilt sind, auch, man futtert Kleingebäck und bestellt sich eine Tasse Kaffee oder Tee dazu.

Die Presseleute fotografieren was wichtiges vor die Linse kommt. Ich schätze, dass wir um 6.00 Uhr schon in G i b r a l t a r sein können, bald kommt einer von der Navigation und meint, es würde noch früher sein. Die Bewölkung hat wieder abgenommen, die Küste, der wir entlang fahren, verschwindet zeitweise im Dunst, darüber hinaus aber erheben sich bis zu 3.500 Meter die schneebedeckten Höhen der Sierra Nevada. Es scheint auf Cap de Gata (Katzenkap) anzugehen, wir sehen nämlich den vorspringenden Zipfel, nachher gehen wir doch mehr auf S-Kurs. – Aufregung an Bord, steuerbord ein Kriegsschiff voraus, es scheint volle Fahrt zu laufen, bemüht sich scheinbar, quer zu unserem Kurs zu kommen, um recht nahe an uns vorbeifahren zu können. Senkrecht hält es auf uns zu. Wahrscheinlich nicht ohne Grund haben wir volle Fahrt, es ist ein Franzose, er zeigt seine Flagge zum Gruße, wir hissen die deutsche Handelsflagge, ein feierlicher Moment, manchem läuft's kalt vom Hinterkopf den Nacken und Rücken herunter. Reges Leben da unten auf dem großen Kreuzer, der jetzt beigedreht und längsschiff fährt, an Bord steht ein kleines Wasserflugzeug, alle Mann sind auf Deck, nicht aufgebaut zur Parade, frei herumstehend, teils nur wenig oder nur mit Badehose bekleidet.

Im letzten Moment fällt einem Pressefotografen ein, das Schiff so zu lenken, dass sein Schatten über das Kriegsschiff hinweggleite, ein wahrhaft symbolisches Bild wäre es geworden, aber es war zu spät. Was mögen die Soldaten da unten wohl von uns denken? – Rasch entschwindet der Franzose – kurz danach begegnen wir noch einem Frachtdampfer, der wohl in der Eile an Stelle eines Flaggensignals seine Sirene aufheulen lässt.

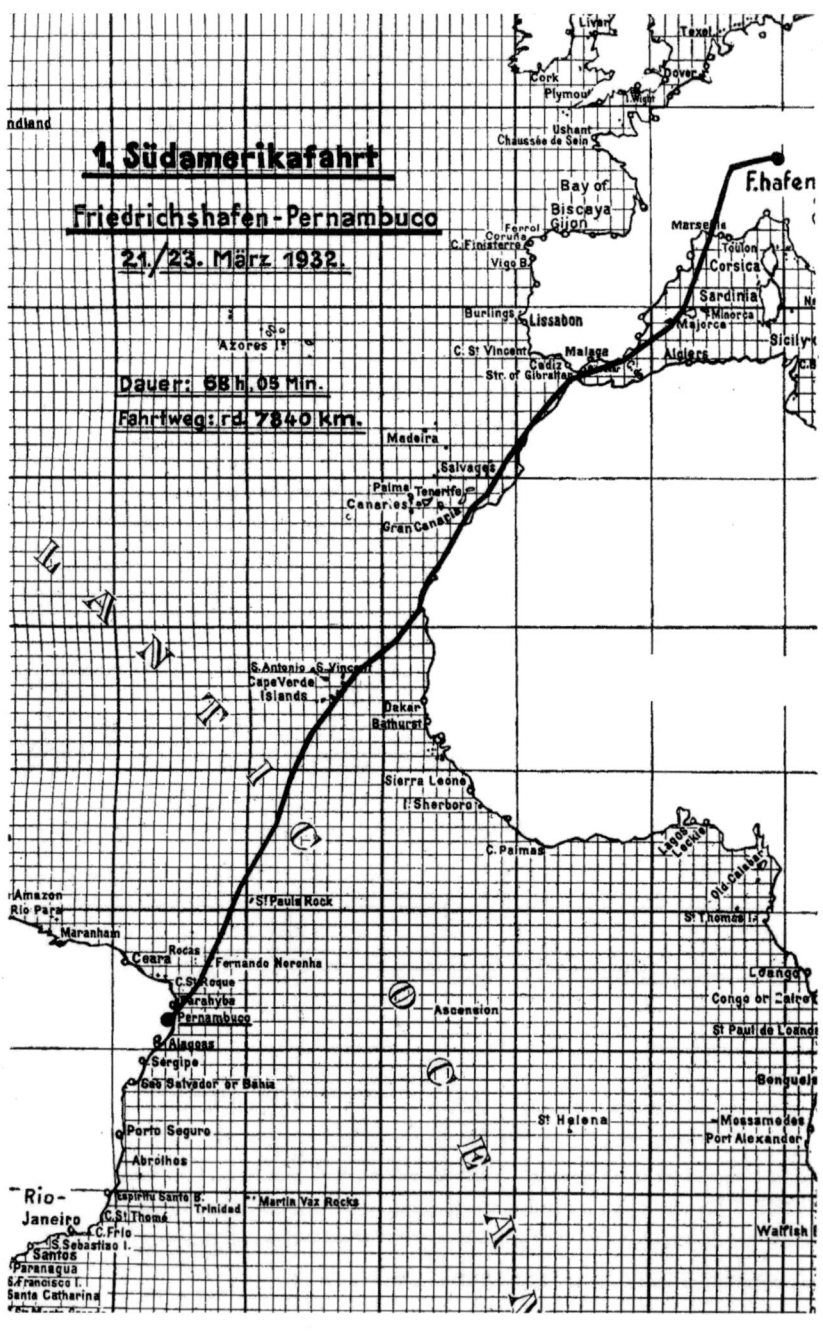

Balearen,
kleine Insel
westlich von
Mallorca

Cap Arcona

Lagunenviertel
von Recife

Wir haben jetzt etwas Gegenwind, laufen „nur" noch 94 Kilometer, der SW-Kurs bleibt beibehalten, also nicht mehr der Küste entlang, jetzt geht's wieder stundenlang über die offene See, blauer Himmel, nur einzelne Wölkchen am blauen Himmel, es ist geradezu herrlich, nicht zu beschreiben. Die kleine dreieckige Insel A l b o r á n , genau wie Helgoland aussehend, einsam und verlassen, nach zweistündiger Seefahrt liegt unter uns; wir fahren in ca. 300 Meter, voraus, der Sonne entgegen, glitzert das Wasser, achtern aus scheint es ganz ruhig. backbord etwa 4–5 Kilometer, hält ein Frachtdampfer mehr der algerischen Küste zu, während wir direkten Westkurs auf Gibraltar nehmen ...

Wie ich den Schiffsschatten verfolge, erblicke ich auf einmal eine ganz eigenartige Erscheinung und mache alle darauf aufmerksam, mitten in dem schönen blauen Wasser sprudelt's orangefarbig auf, wird immer unruhiger und brausender, wie eine Fichtennadeltablette im Badewasser aufquillt (nur statt grün hier wie die Tablette selbst orange). Das Wasser wird auf und ab gepeitscht, es bleibt nur die Vermutung offen, dass sich hier ein großer Fischkampf abspielt, wahrscheinlich sondern die Tiere zu ihrem Schutze irgendeine Flüssigkeit ab. Steuerbord voraus erscheinen die ersten Umrisse von Europas südlichstem Zipfel: Gibraltar. Es wird wärmer, wir gehen mehr auf die afrikanische Küste zu, da wir die Küstenfestungen meiden möchten und wohl auch müssen.

Schon seit einiger Zeit bemerke ich lange Striche im Wasser, 20 bis 30 Meter breit, hin und her schlängelnd, es sind alles Strömungen. Zwischen 4 und 5 Uhr laufen wir in die Straße von Gibraltar ein, wir haben bis jetzt wohl an 2.000 Kilometer in 16 Stunden abgefahren. Immer näher rückt die afrikanische Küste, alles ist erstaunt über deren Aussehen, nicht flaches Wüstenland, sondern hohe Berge, die Ausläufer des Atlas. Prof. Milarch erinnert als alter Schulmeister an Hannibal, der von Karthago längs der afrikanischen Küste entlang zog, durch Spanien über die Alpen bis vor die Tore des heiligen Rom. Muss das ein Mordskerl gewesen sein! – Wieder ein Frachtdampfer, diesmal mit rotem Kamin und blauweißer Firmenflagge, zieht ostwärts. Nun liegt die vorspringende Adlernase von Gibraltar in Schiffshöhe, westlich davon die Stadt

selbst, wir bleiben weit genug weg, dafür sind wir aber unversehens immer näher an Afrika herangekommen. Die beiderseitigen
„Ufer" werden immer enger, das Meer immer unruhiger, hier treffen sich der Atlantik und der Mittelmeerstrom. Ein Marinemann
macht mich darauf aufmerksam, wie schwer der Durchbruch
unserer U-Boote während des Krieges hier war, wo die Besatzung
an der Oberfläche oft entgegengesetzte Strömungen antrafen als
20 bis 30 Meter tiefer. Unversehens liegt Ceuta backbord, ein
überwältigender Anblick, auf einer mäßigen Hochfläche gelegen,
dann aber hohe Berge, alle mit schweren Wachttürmen aus alter
Zeit. Das ist noch spanisches Gebiet; nun geht's ins französische
auf Tanger zu, vorbei an teils leichter Sandküste mit sanft ansteigenden Bergen, die nur mäßig üppiges Grün aufweisen, jedoch
viele Einzelsiedlungen, natürlich alles Flachdächer und aus weißen Steinen erbaut. Weiter im Inneren sind die höheren Berge
doch zerklüfteter, gen Tanger fällt das Gebirge wieder ab.

Inzwischen trinken wir Kaffee oder Tee nach Wunsch mit
reichlich Streuselkuchen. Niemand hätte sich die afrikanische
Küste so vorgestellt! Mit einem Male zahlreiche Riffs, das Meer
ist nicht mehr blau sondern grünlich, wir kommen in den Atlantik, auf 400 Meter gehen wir an die Küste heran. Auf einer vorspringenden Nase steht aus halbem Fels ein weißes Schloss, so hat
man sich immer die Residenz irgendeines Scheichs vorgestellt,
mit riesigem Harem ... Nicht weit davon ab ein großer rechteckig
eingezäunter Park mit verschiedenen weißen Einzelhäusern, ein
herrlicher Besitz muss es sein, umgeben von einer geschmackvol-
len weißen Mauer. Die ersten Autos sausen mit uns um die Wette,
sie können natürlich bald nicht mehr mit. 5.45 Uhr überfliegen
wir vom Hafen her kommend in greifbarer Nähe – wie noch nie,
versichert die Besatzung – T a n g e r . Etwas seewärts liegen einige
größere Ausflugsdampfer, kleine Boote längsseits, wahrscheinlich
Händler und Bettler, zwei Pinassen steuern auf den einen Riesen
zu, ein herzliches Winken von überall da unten. Die Stadt selbst
auf Hügel gebaut, nur weiße Häuser, ist wohl das schönste was wir
bisher auf dieser Reise sahen. Nun gehen wir auf Südkurs; so wie
wir „um die Ecke kommen", um Afrika herum, verflacht sich das
Land, es wird eintöniger. Um 6.00 Uhr passieren wir Afrika.

Es wird zum Abendessen serviert. Halt, jetzt haben wir den Regen ... tatsächlich, man hatte ihn vor 1 bis 2 Stunden vorausgesagt. Wir fahren in der Höhe von C a s a b l a n c a , immer mehr mit südlichem Kurs kommen wir um 10.00 Uhr abends nach Magadore, etwa 20 Kilometer dahinter ein Blinkfeuer: dreimal dreht sich der Scheinwerfer um sich selbst, dann eine Umdrehung kurz, dann wieder die dreifache Umdrehung, ein unfehlbares Zeichen für die Küstenschifffahrt. Wir fahren weiter in die dunkle Nacht hinein. Es ist 11.00 Uhr, als wir wie zur gewohnten Zeit zu Bett gehen; die einen trinken noch ihre Pulle leer, zwei spielen noch die Partie Schach zu Ende, wir sind ehrlich müde.

Gegen 7.30 Uhr morgens werde ich wie gewohnt wach, fast volle 8 Stunden habe ich fest durchgeschlafen, der Klang der Propeller und Motoren hat mich nicht im Geringsten gestört. Erstaunt über uns Frühaufsteher macht der Steward darauf aufmerksam, dass es erst 5.30 Uhr ist, denn inzwischen wurde die Uhr um eine weitere Stunde zurückgestellt. Nichtsdestoweniger bleiben der „alte Herr" und ich auf; wie noch nie in meinem Leben ziehe ich mich mit einer Gemütlichkeit und Bequemlichkeit an, mache Toilette, rasiere mich, ich brauche fast eine ganze Stunde. Ha, ist das schön, schöner als sonst immer das Hasten und Laufen. Ein Mann von der Wetterstation sagt mir, dass wir in der Nacht einen Wüstenwind von 26 Grad Wärme gehabt haben. Und nun versäumen die meisten im Bett den eigenartigsten Augenblick: wir erreichen die Küste Afrikas, die endlose Wüste liegt vor uns, spanisches Hoheitsgebiet, endlose Sandflächen. Kein Baum, kein Strauch, kahl und flach, trostlos, das ist das Reich der Rifkabylen, ein ungemein stolzes Volk, das auf seine Tradition große Stücke hält und restlos alles vernichtet, was ihm in dieser Beziehung in die Quere kommt. Besonders auf die Franzosen sind sie schlecht zu sprechen. Die französischen Flieger, die in ihre Hand fallen, haben nie mehr das Licht der Zivilisation erblickt, sie wurden alle abgemurkst. Jetzt kommen wir auf kurze Zeit an französisches Hoheitsgebiet heran, das Reich der Senegalneger, seligen Angedenkens unserer Besatzungszeit. Also aus diesem Elendstreifen hat man die armen Leute gegen uns geführt! Man stelle sich ein Gebiet von der Rheingrenze bis nach Königsberg vor, ohne Baum und Strauch

28

und jedwede Kultur, nur Sand, nicht einmal Heide, ein Land des allergrößten Tiefstandes.

Wir sitzen beim Kaffee, als Freiballonführer merkt man am Ohrendruck, dass wir unsere Fahrthöhe geändert haben; denn unter uns gehen mit einem Male tiefere Wolkenschwaden durch. Die Wolkenfetzen verringern sich, wir gehen mehr der Küste zu, haben wieder eine Bucht abgekürzt und kommen wieder an Land. Nur 220 Meter überm Boden der afrikanischen Küste, spärlich mit Kakteenkuscheln bewachsen, so erreichen wir P o r t   E t i - e n n e . Hier soll ein Flugplatz sein, wir suchen ihn nicht lange, denn hier ist alles so flach, hier kann man überall landen. Von hier aus soll später die französische Post mitgenommen werden, nicht von Dakar. Der Hafen von Etienne weist nur einige draußen in der Bucht liegende Schiffe auf, der Ort selbst ist äußerst klein. Jetzt geht's wieder in die offene See, es wird durchgesagt, dass wir dauernd mit dem großen Hapag-Dampfer Cap Arcona in Verbindung stehen und ein Zusammentreffen vereinbart haben, wir wissen aber nicht, wie schnell er fährt, daher lässt sich die Zeit nicht festlegen. Der blaue Himmel hat sich verändert, jetzt haben wir eine auf über 2.000 Meter gehende geschlossene Stratusdecke, es sieht eigentlich etwas trüber aus, obwohl die Temperatur immer tropenmäßiger wird; einzelne laufen schon im hellen Anzug herum. 26 Grad werden es jetzt draußen sein. Wir begegnen vielen Fischerbooten, manchmal 5 bis 8 Boote in einem großen Umkreis lagernd. Sonst gibt's wenig draußen zu sehen. Ein ungarischer Fotograf legt uns dutzende seiner herrlichen Presseaufnahmen aus aller Welt vor, übereinstimmend erklären wir, so künstlerische Aufnahmen noch nicht gesehen zu haben. Ein großer deutscher Verlag sendet ihn auf 4 Monate ins Ausland und, weil es am billigsten ist … mit dem Luftschiff „Graf Zeppelin". Nach dem Mittagessen – Einlaufsuppe, Mastochsenfleisch mit Wirsing, Bouillonkartoffeln, Ananas auf Reis – schlafen wir noch ein kleines Stündchen in den geräumigen kleineren Salons bei weit geöffneten Fenstern … bis uns jemand auf Wunsch weckt. Die Cap Arcona ist in Sicht, ein großer, stolzer Dampfer mit drei Schornsteinen kommt voraus steuerbord in voller Fahrt auf uns zu; er ist auf dem Wege von Rio de Janeiro nach Lissabon und

Deutschland; 14 Tage braucht dieser schnellste Dampfer, die anderen mittelmäßigen Kähne 21 bis 24 Tage ... und wir laufen es in 3 Tagen! 3.15 Uhr ist der historische Augenblick! Kurz vor uns dreht der Dampfer auf uns zu, wir haben die Motoren gestoppt, der Dampfer auch seine Maschinen abgestellt, drüben werden Flaggen aufgezogen ... „Gute Reise" ... wir antworten „Dankeschön" ... und sahen aneinander vorbei. Auf Vorderdeck stehen die Leute, alle in sommerlicher Kleidung, Kopf an Kopf, auf dem Achterdeck ist ein großer Tennisplatz, einige Unentwegte spielen ruhig weiter, als wenn nichts vor sich ginge. Der Dampfer dreht über backbord bei, dann mit voller Kraft voraus ... wir stoppen, gehen tiefer und näher an ihn heran, jetzt signalisieren wir zuerst „Gute Reise" und er antwortet „Dankeschön". Drei Sirenen dröhnen laut und deutlich zu uns herauf ... es wird viel geknipst ... dann dreht Cap Arcona ab ... wir fahren unseren beibehaltenen Kurs weiter ...

Das mag etwa zwei Stunden vor den Kapverdischen Inseln gewesen sein, 4.45 Uhr tauchen diese schon vor uns auf, wenigstens steuerbord wird ziemlich verschwommen Sal sichtbar. Wir laufen mehr backbord Boa Vista an, eine mäßig große Insel, die sich flach ins Meer ergießt. Vergebens halten wir vorerst nach menschlichen Siedlungen Ausschau, schließlich entdecken wir ziemlich nahe der uns zugewandten Küste ein quadratisch mit Mauern abgegrenztes Gebiet ... einen Friedhof; wenige Kilometer südwestlich eine kleine Stadt mit weißen Häusern, Einzelheiten sind jedoch nicht zu erkennen, wohl aber zwischen Friedhof und Stadt ein Salzgewinnungslager. In der südwestlichen Bucht liegt wieder ein Frachtdampfer, backbord überhängend, von der ziemlich starken Brandung ans Ufer geworfen; die Strandung mag noch nicht so lange her sein, denn Kamine und Masten stehen noch ... Weit und breit kein Baum und Strauch, im Inneren des Landes steigt das Gebirge ziemlich stark an zu schwarzen Felsen ... wieder ein Stück offene See, aber noch sind die Kapverdischen Inseln nicht vorüber, noch einige kleinere müssen kommen, Boa Vista lassen wir wieder steuerbord liegen, backbord gehen wir ziemlich nahe an S a o T h i a g o heran, am Fuße einer bis zu 1.800 Meter hohen Felswand liegt die Hauptstadt gleichen Namens.

Es folgt das Mittagessen: Hühnercremesuppe, Filetbraten englisch, mit verschiedenen Gemüsen, Dalmatiner Bombe, Kleingebäck.

Noch sitzen wir zur gemütlichen Siesta, als einer der Kapitäne dem Führer eine Meldung gibt. Vor uns erhebt sich eine starke Wolkenbank, sie soll überflogen werden; wir gehen höher ... und nun wird uns ein unvergesslicher Anblick geboten: Als letzte der Inseln passieren wir, von Wolken bis zur halben Höhe eingewickelt, die Insel Fogo mit dem feuerspeienden Berg Pico de Fogo. Wie gesagt, Dunst und weißer Stratus hüllen ihn ein, aber von einer fabelhaften Sonne umflossen, ragt ein schwarzer Felskegel bis 2.250 Meter hoch gen Himmel, nebenan ein ca. 1.500 Meter hoher Aschenkegel. Der feuerspeiende Berg ist zurzeit außer Betrieb gesetzt. Schade, ein Regiefehler in der Organisation dieser „Vergnügungsfahrt" und ebenso ein Fehler wie die Nichtbestellung der zur Wüste obligatorischen Löwen, von denen man kein Stück gesehen hat. Und wie haben sie sich alle die Augen danach ausgeguckt! Nur hier und da fliegende Fische, Delphine, einmal entdecke ich auch ein riesiges Viech, einen Rochen, der wohl drei Meter Durchmesser hat. Nun geht's wieder in die offene See hinaus, stundenlang, circa 18 Stunden werden wir jetzt kein Land zu sehen bekommen.

5.100 Kilometer haben wir in 42 Stunden zurückgelegt, obwohl wir fast nur mit vier Motoren fahren: noch 3.000 Kilometer sind zu überwinden. Wir könnten eine Rekordfahrt registrieren, aber die Leute vom Fach winken ab. Weshalb auch, nur einer Sensation wegen ... wir könnten's ... und das genügt. Der Vorsprung gegenüber den erdgebundenen Verkehrsmitteln ist ohnedies schon so riesig groß.

Nach dem Abendessen – Eier auf russische Art, Huhnfrikassee mit Reis und jungen Erbsen, gemischtes Kompott und Kleingebäck – bleibt ein gemütlicher Kreis zusammen, wir wollen die „Gewitterfront" abwarten, die wir durchfahren müssen, ein guter Grund, aufzubleiben und etwas zu trinken. Dann und wann kommt einer der Schiffsführer zu uns: „Es ist nichts mit der Gewitterfront. Sie brauchen nicht aufzubleiben, sie bleibt aus, es ist wirklich nicht der Mühe wert." Aber wir bleiben zusammen,

der Generaldirektor aus Mannheim, ein Kaufmann aus Westfalen, der nur durch die Eilreise mit dem Luftschiff auch noch zu einer wichtigen Reise nach Indien Anschluss bekommt. Er hat 400 Arbeiter und seit 30 Jahren niemanden entlassen, da muss er schon reisen und zwar eilig reisen, um immer wieder Bestellungen hereinzuholen. Ein süddeutscher Offizier, ein Seemann, der „alte Herr" und ich vervollständigen die Tischgesellschaft, es gibt guten Rheinwein und die bekannte „Schwarze Katz", die bei einigen die Wirkung nicht versagt. Es werden Sprüche und Verse gekloppt, keine Polizeistunde stört uns ... einer nickt schweren Kopfes ein und ich bringe ihn in seine Kammer, wofür er mir anderen Tags ein Solinger Messerchen schenkt – Wir wollen die Überschreitung des Äquators einige Stunden vorher feiern und das gelingt uns auch. Dann folgt eine ruhige Nacht. Einige sehen zwar etwas verkatert aus, als sie zum Frühstück erscheinen; wenn ich mir auch „im Tran" statt Kaliklora flüssige Rasierseife auf die Zahnbürste gedrückt hatte, ich war mit dem guten Professor so früh auf, dass wir auf die Minute genau die Passierung des Äquators miterlebten. Nun leb wohl, du nördliche Halbkugel, für einige Zeit wollen wir uns südlicheren Breitegraden zuwenden und wenn wir zurückkommen wird's wohl auch in unserer Heimat wärmer und molliger sein! – Die Temperatursteigerung spürt man schon deutlich, die Besatzung geht schon ganz in weißen Anzügen und schwarzen Krawatten, dazu die weiße Mütze mit dem LZ-Abzeichen. Nach einem guten Frühstück fangen einige schon an, die Koffer zu packen, andere wieder benutzen diesen etwas eintönigen Fahrtabschnitt über See – immer dasselbe Bild – sich im Schiff weitgehendst umzusehen. Wie man ja auf den großen Dampfern oft prominenten Passagieren Einblick in die Schiffsführung gibt, so wird auch an Bord des Zepp hierzu Gelegenheit geboten. Es würde zu weit führen, einen Gang durchs Schiffinnere und den Aufenthalt im Navigations- und Steuerraum zu beschreiben, hiervon mehr in einem weiteren Artikel. Endlich taucht voraus Land auf: die letzte Insel vor dem amerikanischen Festland, die Insel Fernando de Noronha. Von weitem scheint es ein wüstes Eiland zu sein, ein spitzer Fels ragt hoch gegen Himmel, das ist der „Daumen Gottes". Bei jeder Fahrt befiehlt

Dr. Eckener, diese Insel anzulaufen, wie er auch letzthin in seinem Bonner Vortrag erwähnte, um den Gefangenen eine kleine Abwechslung zu bieten. Ein einziges Schiff liegt draußen, einige 100 Meter vor der Küste, auf einzelnen vorgelagerten Felsstücken sieht man kleine Forts- und Wachttürme; ein Entrinnen von hier ist ausgeschlossen, denn bis zum amerikanischen Festland sind's noch ca. 500 Kilometer. Wir fahren der Insel, auf der wir breitseitig aufstoßen, längs, sehen zahlreiche kastenartig flache Wohnhäuser, bunt und freundlich angemalt, und davor viele einzelne Punkte: Gefangene.

Das Innere der Insel ist doch kultivierter als wir zuerst annahmen, von hellgelben Straßen durchzogen, zahlreiches Vieh weidet auf den spärlich bewachsenen Felsgebieten, in tollem Schrecken brechen sie rudelweise aus, einige schleifen die ausgerissenen Pflöcke mit, die Wächter hinterher. Nun machen wir einen Bogen um die Funkstation mit der wir seit 24 Stunden in Verbindung stehen, eine ganze Reihe Leute sieht man unten, ein Winken können wir allerdings nicht feststellen. Wie wir den „Daumen Gottes" umkreisen, also zum ersten Mal wieder über Land gehen, schütteln uns heftige Böen. Als Segelflieger bekommt man ordentlich Spaß bei einem solchen Aufwind; ich denke an meine C-Prüfung vor Jahresfrist in Grunau (Riesengebirge), wo ich über der „Hölle", einer ebensolchen Felswand, schon nach vier Minuten 120 Meter über Start war. Der Gouverneur könnte seine Gefangenen Segelflugzeuge bauen und ausprobieren lassen, man könnte stundenlang um den „Daumen Gottes" segeln.

Das letzte Mittagessen, die Henkersmahlzeit sagt man scherzhaft, naht. Wieder gut bürgerlich: Erbsensuppe mit Würsteneinlage, Schmorbraten, Makkaroni und Butterbohnen, Salat, als Nachtisch Fruchtsalat und Kleingebäck. Wohl jeder leistet sich hierzu eine letzte gute Pulle, die Weinkarte ist ja auch zu reichhaltig. (Die Verpflegung an Bord ist im Flugpreis einbegriffen, die Getränke muss jeder selbst zahlen; ich habe von Friedrichshafen bis Brasilien 8 RM. ausgegeben.)

Nach der Suppe spricht Ministerialrat Dr. Greiner namens der Gäste und Dr. Eckener antwortet in launiger Weise. Kapitänleutnant a.D. Bertram, der Leiter der „Seeflugleitung Süd der Deut-

schen Luft Hansa[1]" trägt seine Verse von der Äquatortaufe vor, die allgemeinen Beifall finden. Nur schwer trennt man sich, um endgültig die Koffer zu packen. Ich schlafe noch ein gutes Stündchen, bitte aber, mich beim ersten Auftauchen des Landes zu wecken. Doch so lange halte ich es nicht aus, nach kurzem Ruhen gehe ich zum Navigationsraum; alles späht voraus, aber noch ist kein Land zu erblicken. Wer zuerst Land sieht, bekommt eine Tafel Schokolade. Wir laufen nicht direkt Recife an, sondern wollen etwa 100 Kilometer nördlich auf Land stoßen. Dr. Eckener will uns vor der Landung mit den Eigenarten des Landes bekannt machen, das ist nur 10 bis 15 Minuten Umweg. Land voraus! Ein dünner Strich am Horizont, ganz flach, alles an Bord ist in Aufregung, Amerika voraus! Es dauert doch immerhin noch eine knappe Stunde, dann berührt die dem Schiff vorauseilende Schattenspitze des Luftschiffes amerikanischen Boden. Was uns zuerst die Herzen höher schlagen lässt, sind die ersten Palmen, ganze Wälder, Riesenbäume für unsere Vorstellung. Wir sind an einem kleinen Hafen ausgekommen, 2–3 mittlere Seedampfer liegen vor Anker, der Betrieb ist sehr mäßig. Es ist 3.45 Uhr, wir steuern der Küste entlang, die etwa die ersten 500 Meter kultiviert erscheint. Dahinter aber erstreckt sich ungeheurer Urwald. Da hören die Palmen auf, niedriges und äußerst dichtes Gestrüpp herrscht hier vor. Und doch, wir wollen unseren Augen nicht trauen, ein langer, schmaler Strich zeichnet sich ab und darin eine sich fortbewegende Rauchfahne, tatsächlich ein kleines Vizinalbähnchen; in einer Lichtung können wir es deutlich erkennen, wie es mit seinen drei Wagen vorwärts keucht. Jetzt hält es an einer „Station". – Weit und breit nicht die geringste Siedlung, alles steigt aus und bestaunt uns. Das Züglein macht uns viel Spaß, die Brötalbahn ist ein Rheingoldzug dagegen! – Längs der Küste immer wieder niedrig gebaute Siedlungen, Fischer, die in leichten Kajaks, ausgehöhlten Stämmen, dem Fischfang nachgehen; vielfach sieht man herzförmig gelegte Fischreusen. Manche wollen auch Haie sehen, ich nicht! So sorglos würden die Schwarzen auch nicht überall baden, wenn diese Seeungeheuer hier so

---

1   Anm. Verlag: Die Deutsche Luft Hansa war der Vorläufer der Deutschen Lufthansa AG.

heimisch wären. Eine planmäßig angelegte Siedlung fällt uns besonders auf, richtige Straßen und inmitten eines freien Platzes eine Kirche. Nicht weit davon ab – aber vollständig abgetrennt – ein Friedhof mit drei weißen Kapellen. Es mag wohl eine deutsche Siedlung sein, denn wir zeigen unsere Flagge. – Was mögen die Eingeborenen denken? Sie werden auf jeden Fall sich sagen: Das sind mal wieder Deutsche, die sowas fertig bringen! Wieder eine große Siedlung, in ganzen Scharen kommen schwarze Menschenmassen aus den Wäldern an die freien Ufer gelaufen. Nun ändert sich aber auch mal das Küstenbild, auch hier gibt's Steilfelsen und ausgewaschene Ufer, teilweise wie große Steinbrüche anmutend, auf einer Anhöhe ein totes Stück Vieh und zahlreiche Aasgeier. Kaffeeplantagen und dann die ersten Baumwollfelder, mitten in diesen riesigen Kulturen eine moderne deutlich nach deutschem Muster angelegte Fabrik, der größte Betrieb der ganzen Gegend, der Vorstadt unseres Reiszieles, hier wird unser Kommandant zu Gast sein … Und dann sind wir am Ziel, Recife. Wir laufen dem Hafen entlang, zahlreiche Dampfer begrüßen uns mit einem Sirenen-Freudengeheul, in der Stadt stockt der ganze Betrieb; wir fahren herüber zum Ankermast, wo schmucke Soldaten in brauner Uniform uns auffangen sollen. Wir haben noch mächtigen Auftrieb, also nochmals zurück übers Meer, damit sich das Schiff abkühlt, und dann landen wir glatt beim ersten Anfahren. In kaum 67 Stunden haben wir von Europa über Afrika Amerika erreicht. – Zöllner kommen an Bord, es geht alles rasch und ohne Aufregung; ich brauche meine Koffer nicht mal zu öffnen. Draußen stehen zahlreiche Damen und Herren, bei vielen erkennt man sofort die deutsche Abstammung. – Doch davon später.

Das Erlebnis ist zu gewaltig! Fährt man mit dem Dampfer mit Landung in Spanien so langsam nach drüben, dann wird man sich von Tag zu Tag an diese veränderte Welt gewöhnen. Mit dem Luftschiff geht's tatsächlich „zu rasch". Vor wenigen Tagen froren wir noch entsetzlich und jetzt diese kolossale Hitze, die man im Übrigen aber doch aushalten kann.

Vor vier Tagen noch saß ich in meiner Friedrichshafener Pension, wo das Töchting den Morgenkaffee brachte, – und nun sitze ich halbnackt in einer brasilianischen Pension, geführt von Ham-

burger Damen, auf meinem Zimmer und tippe unentwegt auf der liebgewonnenen „Klein-Adler". – An den Wänden Bilder von der Ahr und der Burg Altenahr – unten spielt jemand auf dem Flügel von der „Krone im tiefen Rhein", eine schwarze Schönheit bringt mir das Frühstück und durch das offene Fenster kommen zwei Äffchen, setzen sich mir gegenüber und betteln um Marmelade, es ist so drollig!

Wie ich Brasilien, Land und Leute erlebte …

Was hat unsereiner bisher von Brasilien gewusst? Gar nichts! Und vielen Deutschen wird es wohl so ergehen, erzählen uns doch Herren des hiesigen Deutschen Clubs, dass mit dem Dampfer Deutsche angekommen wären mit fantastisch hohen Ledergamaschen und einer Flinte, gewappnet und heldenhaft bereit, Tausenden von Schlangen entgegenzutreten. Und wie friedlich sieht es hier aus!

Kein abschließendes Buch über Brasilien will ich schreiben, sondern erzählen, wie ich Brasilien, Land und Leute bei vierwöchigem Aufenthalt kennen lernte.

So seien denn die wichtigsten Punkte dem Range des Interesses nach hier aufgeführt:

Das politische Brasilien

Brasilien ist eines der großen Länder an der Ostküste Südamerikas und 20-mal so groß als Deutschland mit ca. 40 bis 45 Millionen Einwohnern. Der Sitz der Federalregierung ist in Rio de Janeiro, das ich später beschreiben werde. Gelandet sind wir in Recife, der Hauptstadt des Staates Pernambuco. Der Staat Pernambuco ist größer als Deutschland, hat aber nur 2,5 Millionen Einwohner. Aus 22 solcher Einzelstaaten setzt sich Brasilien zusammen. Die Staaten sind innerhalb der Federalregierung ziemlich selbstständig, haben eigenes Heer und eigene Polizei. 1888 befreite sich das Land durch eine Revolution von der Monarchie, seitdem ist Brasilien Republik. Im Oktober 1930 brach hier im ganzen Lande eine Revolution aus; seitdem herrscht Diktatur. Zurzeit ist Dr. Carlos de Lima Cavalcanti Gouverneur von Pernambuco, Jurist und Kaufmann, der einen sehr guten Eindruck machte, als er uns mit dem deutschen Konsul Carlos

von den Steinen eine Privataudienz gewährte. Er besitzt selbst eine Zuckerplantage und ist mit seinen Brüdern Besitzer mehrerer Zeitungen, während der Revolution hat er sich sehr verdient gemacht.

Die Hauptstadt R e c i f e , der Ausfahrhafen für Kakao und Zucker, hat ihren Namen von einem hunderte Kilometer langen, etwa 50 Meter vom eigentlichen Ufer vorbeiziehenden Riff, so heißt nämlich Recife auf Portugiesisch, der Landessprache. Die Stadt soll etwa 400.000 Einwohner haben, genau lässt sich das hierzulande nicht feststellen; denn woher sollten auch all die Leute, die meist überhaupt keinen offiziellen Namen oder nur einen Vornamen haben, registriert werden. Die kleinere, aber herrschende und maßgebliche Klasse ist sehr gebildet und intelligent; alle anderen sind treue und zufriedene Menschen, aber sowas wie Revolutionsstimmung ist hier schon seit Jahren! Um all' dieses aber zu verstehen, muss man zuerst einmal die Lebensbedingungen kennenlernen, wobei sicherlich zuerst

Das brasilianische Tropenklima

interessiert. Wir liegen hier in ziemlicher Nähe des Äquators. Hieraus resultiert erst einmal eine ziemliche Tag- und Nachtgleiche, es wird also jahraus jahrein so gegen 6.00 bis 7.00 Uhr hell und dunkel. Unsere herrliche Abenddämmerung fehlt also ganz, mit einem Mal ist es dunkel. Weiter resultiert hieraus ein fast gleichmäßiges Wetter. Es war für uns nicht einfach; bei −1 Grad fuhren wir in Friedrichshafen ab und nach 2 3/4 Tagen, als wir über dem Ankermast erschienen, lag als Abendtemperatur +29 Grad ausgelegt. So zwischen 25–35 Grad schwankt also die Tagestemperatur dauernd, so ist es das ganze Jahr, einen Winter gibt's also nicht, kein Eis und Schnee und somit auch keine Pelz- und keine Kohlengeschäfte. Die bedrückte deutsche Hausfrau wird seufzen, wenn sie dies liest, spielt doch die Heizungsfrage im deutschen Haushalt eine große Rolle. Von den ersten Morgenstunden an ist es ziemlich drückend warm, die Temperatur steigt nicht langsam an, sondern bleibt sich den ganzen Tag über ziemlich gleich.

Die Büros beginnen um 8.00 Uhr und schließen um 11.00 Uhr, dann ist bis 1.00 Uhr Mittagspause und um 5.00 Uhr Büroschluss; mehr zu arbeiten vermag man aber auch nicht.

Samstags geht's von 8.00 bis 12.00 Uhr, also durchschnittliche Arbeitszeit 39 Arbeitsstunden in der Woche.

Bei der dauernden Hitze kann man nicht so intensiv arbeiten wie in unseren Ländern und wir beide mussten unser gewohntes Wühltempo rasch ablegen, sonst wären wir bald schon zusammengeklappt; b e s o n d e r s d i e g e i s t i g e A r b e i t i s t d u r c h d i e s e H i t z e s e h r e r s c h w e r t. Man ist froh, wenn man sich recht früh zu Bett legen kann, um am frühen Morgen arbeiten zu können. – Nachts wird es etwas kühler, man wird aber gut tun, sich nicht bloß aufs Bett zu legen, wie das viele Neulinge tun; eine Erkältung hält hierzulande ebenso schwer und lang an wie bei uns ein Sommerschnupfen. Man warnte uns auch davor, barfuß zu laufen, das soll besonders schädlich sein. Wenn man also recht vernünftig lebt – und das tun wir, besonders angesichts unseres wichtigen Auftrages – dann kann man das Klima gut vertragen. – Wir leben eben danach.

Die Kleidung

spielt natürlich bei all dem eine ganz besondere Rolle. Ich hatte zwar auf Anraten besonders wohlwissender Leute einen dicken Wintermantel für die Überfahrt und auch meinen Smoking für die Festivitäten mitgenommen. Nach 2 Tagen nahm das Luftschiff sie wieder nach Europa zurück. –

Reden wir zuerst nur mal von der Männerkleidung, die ja in Deutschland das h ö c h s t e M a ß d e r U n z w e c k m ä ß i g - k e i t erreicht hat. Dass wir Männer nicht ein für alle Mal gegen diese hohen steifen Kragen, die Bretter-Hemdenbrüste, Unterwäsche und Westen und noch viel mehr protestieren, ist eigentlich eine Schande. Mit Ausnahme der wie bei uns gekleideten Pastöre und Patres geht hier alles in ganz l e i c h t e n w e i ß e n S o m - m e r a n z ü g e n und das könnten wir auch wenigstens in einigen Sommermonaten durchführen.

Eine breite Hose mit Leibgurt und ein- oder zweireihiger Rock, keine Weste, Sporthemd, weicher Kragen mit schwarzem Querschlips, Strohhut, das ist der bequeme Einheitsanzug. Auf dem Büro angekommen, wird der Rock abgelegt, man arbeitet im S p o r t h e m d . Diese Anzüge kosten nach Maß 20–100 RM., je nach Geschmack und Geldbeutel und sehen sehr schick aus. Natürlich halten sie nur 3–4 Tage, dann müssen sie zur Wäsche, wie man überhaupt jeden Tag Hemd und Strümpfe mindestens einmal wechseln muss. Sollte eine solch leichte Kleidung nicht auch bei uns möglich sein, wenigstens in der heißesten Sommerzeit? Nur einen Hinderungsgrund könnte ich mir denken, dass das öftere Waschen auf die Dauer zu teuer würde. Bei den billigen Arbeitskräften hierzulande kostet das Waschen eines solchen Anzuges etwa 1.25 RM. Hemd und Unterhemd ca. 25 Pfg., Taschentuch und Strümpfe je drei Pfg. (doch von den Preisen später). Sollten wir nicht auch mal in Deutschland einen Versuch in dieser Hinsicht machen? Der weiße Anzug ist der Allerweltanzug für die Straße und die Gesellschaft. Als der deutsche Club am Tage nach der Abfahrt des Schiffes einen Tanzabend gab, erschien ich im blauen Anzug, als Einziger, alles war im bequemen weißen Anzug; und das gesellschaftliche Niveau litt darunter keineswegs, vielmehr – es war bedeutend gemütlicher und ungezwungener. Man hat allerdings auch weiße Smokings mit weißseidenen Aufschlägen und Weste.

Die Wirtschaftslage

ist wie in allen Ländern äußerst kritisch. Nach einer Scheinblüte kurz nach dem Kriege wie überall eine sich stets verschärfende Krisis. Inflation, wenn auch nicht im deutschen Vorbild: jedenfalls sank der Millreis[2] von ca. 1.25 auf 0.25 RM. und auf diesem Stand steht

---

2 Anm. Verlag: Hier ist vermutlich der Real (plural: Réis) gemeint (portugiesisch: Reais). Die brasilianische Währung wurde zwischen 1942 und 1994 immer wieder durch höherwertige neue Währung ersetzt, aufgrund der Inflation. Ab 1994 wurde endgültig eine neue Währung eingeführt (Real), der bis heute gilt, (1 Real = 2,75 Trillionen alte Réis).

er seit einigen Jahren. (Ein Millreis gleich 1.000 Reis.) Gehälter und Preise gingen nicht in demselben Maße mit, nach einer Preissenkung vor einem halben Jahre kann man es einigermaßen aushalten. Das Land leidet an Überproduktion (Kaffee und Zucker), die Einfuhr ist fast ganz gedrosselt und mit äußerst hohen Zöllen belegt. Arbeitslose in unserem Sinne gibt es nicht, auch keine öffentlichen Unterstützungen, da der Staat effektiv kein Geld besitzt. Wer keine Arbeit hat, bettelt zuerst mal, dann nährt ihn sozusagen das Land selbst. Der Verschleiß an Kleidern ist ganz minimal, keine Kohlen usw., man kann sozusagen das ganze Jahr bei Mutter Grün schlafen; geht man ca. 10 Kilometer aus der Stadt heraus, dann kann man seinen Lebensunterhalt von den Bäumen pflücken, man kann gut von Bananen und Reis und all den anderen Früchten des Landes leben.

Dann nimmt man sich noch eine Kordel mit einem Drahthäkchen und fischt sich Fische so viel man will, sie sind ja in solchem Überfluss vorhanden. Erlaubnisscheine gibt es nicht. Oder man fährt hinaus, zäunt ein großes Stück Land mit Stacheldraht ab und baut ein Häuschen und zieht sich das notwendige Gemüse; die Eingeborenen sind so anspruchslos, dass sie trotz der primitiven Lebensverhältnisse am Leben bleiben und zufrieden sind.

Die Lebensbedingungen sind eben hierzulande so grundverschieden, dass sich kein Vergleich mit unserem Elend daheim ziehen lässt.

Verkehr und Betrieb

interessieren mich natürlich als Verkehrsmenschen in Brasilien am allermeistem. Da sind zuerst die „bondes", die S t r a ß e n - b a h n e n. Alles offene, gelbgrünlich angestrichene Wagen mit leichtem Unterbau und Radbügel. Man steigt von rechts ein, während an der linken Seite eine Stange durch Griffe durchgezogen ist, damit man nicht nach dieser Seite abspringt. In den drei ersten Reihen dieser Wagen, die unseren alten offenen Wagen der Pferdebahn seligen Angedenkens gleichen, aber etwas länger sind, darf nicht geraucht werden, damit der Tabaksqualm nicht die hinten Sitzenden stört. Also Nichtraucher nach vorne!

Eigentümlich und bezeichnend für die Bahnen ist die Z a h l -
w e i s e , die von Nordamerika übernommen worden sein soll
und mir sehr zweckmäßig erscheint. Fahrscheine werden überhaupt nicht ausgegeben, es gibt keinerlei Ermäßigungen für
Schüler, Studenten, Arbeiter, keine Umsteige-, Wochen- oder
Monatskarten usw., sondern nur einen Einheitsfahrpreis von 200
Reis = 5 Pfg. Während auf der linken Seite das Längstrittbreit
hochgeklappt ist, läuft der Schaffner an der rechten Seite vorbei
und kassiert ein, dann zieht er an einem, an jeder Bank herab-
hängenden Riemen und vorne im Wagen auf einer 30 Zentimeter
großen Zähluhr addiert sich die Zahl der Fahrgäste mit lautem
Klingeln. So dass der Fahrgast die Gewähr hat, dass sein Obulus
registriert wurde.

Am Ende der Strecke, die stets mit einer Schleife schließt, wird
in einem Fahrtbericht der U h r e n s t a n d eingetragen und die
Uhr auf 0 zurückgestellt. Während der Fahrt springen Kontrol-
leure, deren es sehr viele gibt, auf, mit einem schmalen Buch und
einem Blaustift in der Hand und überfliegen die Zahl der Fahrgäste, die keinesfalls höher sein darf als der Uhrenstand, höchstens geringer durch die inzwischen Ausgestiegenen.

Will man aussteigen, so springt man an die Decke und klingelt,
muss sich natürlich in Acht nehmen, dass man nicht den Regist-
rierriemen erwischt, sonst müsste man nochmals zahlen; es hängen in jedem Wagen an 30 Registrier-, Halte- und Klingelriemen
an der Decke.

Dann gibt es noch geschlossene Wagen, d.h. 1. Klasse, die kein
Gepäck mitnehmen, natürlich sind alle 12 Fenster offen, so lang
wie eine Rheinuferbahn mit 2 Radbügeln, wovon der hintere
arbeitet, der vordere spießförmig nach vorne den Vorderper-
ron um einige Meter überragt. Diese Wagen sind auf Grund der
schlechten Straßen so gefedert, dass sie – unübertrieben – wie ein
Motorboot beim Passieren eines schweren Rheindampfers seitlich
schwanken. Hier ist die Zahlweise anders, man steigt nur vorne ein
und hinten ist der Ausgang. Beim Einsteigen zieht der Fahrer an
einer wie oben beschriebenen Registrieruhr mit Klingelzeichen.
Bald kommt der Schaffner und klappert mit dem Geld, er wechselt
aber nur und zwar ist die Grenze auf 5 Millreis beschränkt.

An jedem Fensterkreuz, also etwa an 30 Stellen im Wagen, sind Druckknöpfe verteilt; will man aussteigen, dann schellt man und der Wagen hält.

Am Ausgang ist ein Opferstock mit gläserner Vorderwand, hierein wirft man seine 200 Reis. Führer und Schaffner kontrollieren sich somit selbst. Bei der Ablösung nimmt der Schaffner seinen abgehobenen Opferstock unter'n Arm, der neue bringt seinen eigenen mit. Die Schienenstränge sind nicht schlecht, es fiel mir auf, dass die Weichen n u r e i n e bewegliche Zunge haben, die links innen; über die andere, die etwas breiter ausgeführt ist, schliddert man hinweg und es geht so auch. Man soll während der Fahrt nicht auf- und abspringen, aber so viel Verstöße habe ich noch nie gesehen wie hier; zudem springen die Leute auch ab mit der rechten Hand am linken Griff, also rückwärts ohne hinauszufallen, aber wie sie das machen, habe ich noch nicht heraus!

Es gibt auch kleine Autobusse, die aber als geschlossene Wagen nicht beliebt sind und meist leer fahren.

Die Straßen- und Wegeverhältnisse in R e c i f e s i n d ä u ß e r s t s c h l e c h t. Zwar sind die Hauptstraßen im Stadtinneren gepflastert, gerät man aber auch nur 50 Meter von einer Hauptverkehrsstraße ab, dann kann man von einer Straße nicht mehr sprechen. Bürgersteige sind nicht vorhanden oder nur angedeutet; die eigentliche Straße liegt manchmal bis zu 75 Zentimeter tiefer und ist nur ein Geröllhaufen, aus dem bis zu 50 Zentimeter Röhren und Kanaldeckel herauslugen. Man muss also schon sehr geschickt Auto fahren können, um all diesen Hindernissen aus dem Wege zu gehen. Mit dem Fordwagen, den mir unser Pensionsinhaber zur Verfügung gestellt hat, jongliere ich mich schon ganz gut durch und habe vor allen Dingen gelernt, auf den gepflasterten Straßen, die oft hundsmiserabel schlecht sind und manchmal Löcher von mehreren Quadratmeter Größe und 30 Zentimeter Tiefe enthalten, mit einer Radseite auf den Schienen zu fahren, dann geht es schon besser. Die Verkehrsordnung ist die gleiche wie bei uns d.h. – man fährt hier auf der jeweilig besten Straßenseite. Kommt ein Auto entgegen, so übt man gegenseitig Rücksicht, es geht alles gemütlicher zu, es ist zu heiß zum Zanken und Streiten. Paciênca, nur die Ruhe! Will man

„Azulina" oder „Gasolina" tanken, so muss man zuerst den Wärter suchen, der irgendwo in der Nähe in einem Hausflur schläft. Nach Führerschein oder dergleichen, ob mein deutscher Schein hier gilt usw., fragt kein Mensch, Hauptsache ist, dass man nicht auffällt und so auf sich aufmerksam macht. Bei einem Unfall – die Straßenbahner sind offiziell so belehrt – muss man sich sofort aus dem Staube machen, Auto oder Wagen stehen lassen und fortlaufen; wird man in flagranti erwischt, dann geht's ans Gericht, nachher kann man die Sache auf der Polizei austragen. Neulich hat ein Eingeborener seinen Freund erstochen, weil er nach der Verführung seine Schwester nicht heiraten wollte; der Täter flüchtete ins Innere des Landes, nach 8 Tagen ging er zur Polizei und da wurde das alles in einer einstündigen Verhandlung durch eine Geldbuße erledigt. Hätte man ihn bei der Tat erfasst, dann wäre es ihm wohl an den Kragen gegangen. – Die Rechtsverhältnisse sind hier teils noch zu eigenartig.

Und die Frauen?

Ja, das ist überall wohl auf der Welt ein eigenes Kapitel. Schön sind die Frauen überall, bei uns und in Paris und hier sicher nicht weniger. Neben dem aufrechten Gang, den Kopf leicht zurück geneigt, zurückzuführen auf das v i e l e K o p f t r a g e n d e r U r a h n e n , ist direkt zum Stutzen auffallend die starke Üppigkeit der hiesigen Frauen, ja schon im Kindesalter, frühreif. Ebenso auffallend aber auch, dass der bekannte „Altersspeck" auch 20 Jahre früher ansetzt, zu einer Zeit, wo unsere guten deutschen Frauen erst in die richtige Blüte kommen. Die brasilianischen und all die ausländischen Frauen verstehen, sich anzuziehen, sie machen sich frei von allem Zwang, leicht und duftig sind ihre Kostüme. Die hiesige Frau ist nicht unangezogener als bei uns, sogar dezent. Jede sucht, aus sich einen besonderen Typ zu machen und dadurch interessant zu erscheinen, eine b e s t i m m t e M o d e r i c h t u n g g i b t e s n i c h t . Da man Frauen vom zartesten Weiß bis zum tiefsten Schwarz, vom hellsten Blondkopf und „Schimmel" bis zum schwärzesten Kraushaar antrifft, so muss die Kleidung entsprechend sein. Vor allem muss das Kleid r e c h t b u n t wirken, E i n h e i t s f a r b e n s i e h t m a n k a u m. Gemalte Augenbrauen und rotgepinselte Lippen sieht man auch, vornehmlich bei den mehr spanisch anmutenden Frauen. Auf dem Bummel koketieren manche gerne, drehen sich aber niemals um. Die Brasilianerin soll vor der Ehe das sittenstrengste Mädchen der Welt sein, ich kann es nicht nachprüfen, glaube aber auch nicht an solche Allerweltmärchen, die vielleicht wohl jedes Land für sich in Anspruch nimmt. Dass es allerdings in mancher Beziehung strenger ist als in den durch den Krieg moralischer gesunkenen und die Wirtschaftsverhältnisse zermürbten europäischen Ländern, kann man als Außenstehender doch feststellen.

Lotterie und Glücksspiel

Aufs Glücksspiel sind sie alle wie versessen, die Landeslotterie in Rio spielt ununterbrochen jeden Tag. Daneben unterhalten die einzelnen Staaten ihre eigenen Lotterien, in der hiesigen Hauptstraße haben sie ihre verschiedenen Zweigniederlassungen. Noch mehr verbreitet ist aber das Bijou – sprich: Bischu – Bijou heißt das Tier: zu der Zeit, wo es fast nur Analphabeten gab, wurden als Lotterienummern „Tiere" ausgegeben. Der eine setzte auf „Ochse", der andere auf „Schwein". – Bis heute hat sich dies in gewissem Sinne erhalten, man setzt auf Tiergruppen, die aber auch wieder durch Zahlen ersetzt werden. „Ich habe heute Nacht von einem Esel geträumt", sagte der schwarze Diener seiner Herrin und schon setzt das ganze Haus – täglich wird gewechselt – auf „Esel". – Morgens früh, ich sitze auf dem Balkon, kommen die Kommissionäre mit einem schmalen Büchlein und preisen an bzw. rechnen vor. Da sitzt der „Buchmacher" unten auf der Bank, von den Nachbarhäusern kommen die Schwarzen in unseren Park und nun geht ein hin und her raten los. Schließlich sind sie handelseinig geworden, man sagt seine Tier- oder Zahlengruppe, ins Büchlein wird's mit Kohlepapier durchgeschrieben, man erhält einen Durchschlag und zahlt. Schon von 2 Pfg. an kann man spielen. Dann gibt er noch der Waschfrau durch das Gitter des Unterhauses, wo vor 40 Jah-

ren noch die Sklaven eingesperrt waren, sein Bijou, ein zerlumpter Eseltreiber – mangels der schlechten Straßen wird fast alles auf kleinen, hageren Eseln und Pferden transportiert, kurzweg alles. Gemüse und Kartoffeln, ebenso die Küchenschränke und Bettstellen – bindet sein Tier fest und schließt rasch ab. – Und abends kommen dann die Gewinne heraus, die Gewinnzahl richtet sich in irgendeinem Verhältnis zu dem am gleichen Tage in Rio herausgekommenen Hauptgewinn der Landeslotterie ... und man holt sein Geld im Lotteriegeschäft ab. – Alles spielt, auch die deutschen Frauen zur heimlichen Aufbesserung ihres Haushaltsgeldes: die Frauen sitzen manchmal stundenlang und „rechnen" die Glückszahlen aus. Wie verlautet, soll das Bijou verboten werden: aber da sage und schreibe allein hier in Recife 9.000 Personen als Händler und Agenten davon leben, die ganz armen Gewinner auch ihren Schatz sofort wieder umsetzen, ist man allgemein dagegen. Auch in den öffentlichen Lokalen wird viel gespielt.

Rundfunk, Theater und Kino

Einen Reichsrundfunk gibt es in Brasilien nicht, der Rundfunk ist den privaten Radioclubs überlassen, die eigene Sender unterhalten; man muss Mitglied werden für ca. 2 RM. je Monat, dann ist man hörberechtigt. G e g e n S c h w a r z h ö r e r g i b t ' s k e i n e H a n d h a b e , der Staat fasst sie allerdings doch und legt ihnen eine Steuer auf, privatrechtlich können jedoch die Clubs nichts machen. In einzelnen Staaten macht sich die Absicht zur Eigenübernahme des Rundfunks bemerkbar, schon um das Land besser kontrollieren zu können. Im Inneren Pernambucos herrscht große Trockenheit und damit große Hungersnot, wovon ca. 80.000 Leute betroffen werden. Seit 4 1/2 Jahren hat's dort nicht geregnet. Man plant Hilfsexpeditionen, mit kleinen Sendern ausgerüstet.

Das Programm ist in den Händen der Radioclubs e i n s e i t i g und ohne Abwechslung, man kann eben nichts für das Programm auswerfen; wir bekommen natürlich auch n i c h t s für unsere Radiovorträge, halten überhaupt unsere Werbevorträge bei freiem Eintritt.

Jede Stadt hat wohl ein T h e a t e r d . h . ein theaterähnliches Haus, aber keine eigenen Spieltruppen. Inländische Opern gibt es überhaupt nicht, r e i s e n d e S c h a u s p i e l t r u p p e n a u s E n g l a n d , N o r d a m e r i k a und M e x i k o spielen Opern und Operetten, beides aber ziemlich selten. Dagegen führen kleinere Wanderschauspieltruppen Schwänke und Sketchs auf, nach etwa 4 Wochen Aufenthalt in jeder Stadt ziehen sie weiter.

So ist denn d a s K i n o die einzige Abwechslung. Durch den Krieg ist die deutsche Lichtspielkunst fast ganz von der Bildfläche Brasiliens verschwunden und hat der nordamerikanischen Filmproduktion Platz gemacht. Das war für die Nordamerikaner die beste Gelegenheit, wie auf allen anderen Geschäftsgebieten, so auch den Film an sich zu reißen und ihre Absatzgebiete ungeheuerlich zu vergrößern, unterstützt nicht nur durch große Subventionen der Regierungen, sondern vor allem auch durch indirekte Unterstützung, wie dies z.B. der augenblicklich hier gezeigte Film „Anjos de Infernos" (Engel der Hölle) zeigt, für den die amerikanische Marine die Luftflotte in weitgehendster Weise zur Verfügung gestellt hat. Und trotzdem soll an dem Film 3 Jahre lang gearbeitet worden sein und 4 Millionen Dollar soll er gekostet haben. – Na, glauben wir's mal! – Das Kino selbst – das beste hier – ist ein flacher Rundbau mit leicht ansteigenden bequemen Sitzgelegenheiten für ca. 2 bis 2.500 Besucher. Durch einen langen und breiten mit Riesenbildern bemalten Gang kommt man von der Straße her ins Cinema, dessen Inneres durch all die weißen Anzüge und Strohhüte der Herren und die bunt schillernden Kleider der Frauen einen überwältigenden Eindruck macht. Der Rundbau besteht sozusagen nur aus Türen, die dauernd offen stehen und in einen wunderbaren Palmenpark münden, in dem man während der Pausen spazieren geht. In mäßiger Höhe noch ein mäßig breiter Rang, wieder mit offen stehenden Balkontüren, dann darüber direkt das Schindeldach, das genügende Ventilation bietet, aber trotzdem nicht unschön wirkt; man kennt es eben nicht anders. Auch in unserer Pension im ersten Stock ist keine Decke eingezogen, sondern direkt darüber das Schindeldach, so dass man die Einzelunterhaltungen in den 10 benachbarten Wohnungen und gegenüberliegenden Zimmern Tag und Nacht deutlich verfolgen

Palmen!

kann. Wir haben unseren Einheitspreis mit 3Millreis (ca. 75 Pfg.) bezahlt und können uns nach Belieben einen Platz aussuchen. Und was bietet nun der Film? Der deutsche Film kann hier gar nicht mit, neulich wurde der „B l a u e   E n g e l" mit Jannings gegeben, der doch wirklich sehr gut ist, hier aber nicht einschlug. Was versteht auch der Brasilianer vom deutschen Schulleben und Magistertypen, wo er selbst k e i n e   S c h u l p f l i c h t kennt! Auch Studentenfilme, wo man in Wirtschaften zecht und Kommerslieder singt, schlagen hier nicht ein, da man ein Wirtshausleben in unserem Sinne hier gar nicht kennt.

So sind denn dem nordamerikanischen Kitsch Tür und Tor geöffnet. Hier ein Beispiel, das ich ausführlich und doch schonend abgekürzt wiedergeben will, um zu zeigen, dass ein solcher Film für deutsche Verhältnisse vollständig unmöglich wäre, abgesehen von dem deutschfeindlichen Inhalt:

Ein deutscher Student studiert in Oxford und lernt die Engländer lieben und schätzen. Zwei englische Studentenbrüder studieren in München, machen Bockbierfest mit; der eine hat ein „Techtelmechtel" mit der Frau eines deutschen Offiziers, wird ertappt, flieht und die Kartellträger bringen dem nichtsahnenden, zurückgebliebenen Bruder die Forderung, er wird herausgeschleppt und bekommt einen Schuss ab, ohne dass er weiß, was überhaupt gespielt wird. – Krieg. – Krieg. – Der deutsche Student wird sofort – Marineluftschiffoffizier. Es geht gen England, man lässt ihn mit dem Spähkorb herunter und als er die Bomben zielen soll, lässt er sie in Überwallung der Liebe zu den bedrohten Engländern alle in einen See fallen. Ein Geschwader englischer Flieger steigt auf, verfolgt den Zeppelin und stellt ihn, der Kommandant lässt kaltblütig den Spähkorb, der nicht so rasch eingeholt werden kann und dadurch die Fahrt und das Steigen beeinträchtigt, – abschneiden, der Vaterlandsverräter erhält unbewusst seinen verdienten Lohn. – Damit ist das Zeppelinabenteuer aus dem Film verschwunden, unvermittelt.(Es war ein Stück verbrannt.)

Ein Deutsch-Brasilianer, der den Film in Rio gesehen hat, erzählt mir, jetzt sei erst das Ungeheuerliche gekommen: Der Zeppelinkommandant lässt alles Überflüssige über Bord werfen, schließlich eine Reihe Mannschaften – ohne Fallschirm, nur um

sich und das Schiff zu retten, und jedes Mal, wenn wieder einer über Bord geworfen wird, spricht er zynisch: Mit Gott für König und Vaterland! – Nachher rammt ein englischer Flieger das Zeppelin-Luftschiff, das in der Mitte durchbricht und mit dem todesmutigen Flugzeugführer brennend abstürzt. Auf der englischen Seite ist das Brüderpaar durch den Kuss einer berühmten Schauspielerin zur Fliegertruppe verpflichtet worden. Der jüngere – der Duellkneifer – hat revolutionäre Anwandlungen, er wettert gegen den Krieg, man wirft ihm Feigheit vor, doch da meldet er sich zu einer Sonderaufgabe: Mit einem unversehrt in englische Hände geratenen, mit deutschen Hoheitsabzeichen versehenen Doppeldecker ein deutsches Munitionslager in Klump zu werfen. Sein Bruder fliegt mit ihm und nun folgen Fliegerkampfaufnahmen von nie gesehener Pracht, Geschwaderfliegen der Schutzstaffeln, das Munitionslager fliegt in die Luft, Autos wirbeln durch die Gegend, grauenhaft und schön zugleich. Dann kommt die Jagdstaffel von Richthofen und nach langem Kampf stürzt der Doppeldecker brennend ab, deutsche Infanterie zieht die beiden verwundeten englischen Flieger heraus, sie kommen vor den Divisionschef, der natürlich kein anderer ist, als – der seinerzeit von dem jüngeren Bruder betrogene Offizier. Bei den nachfolgenden Vernehmungen wird der deutsche Offizier im höchsten Maße lächerlich gemacht und richtig „veräppelt", so dass es selbst den eingefleischtesten Antimilitaristen und Pazifisten anekeln würde. –·Kurz und klein: der revolutionäre jüngere will, um sein Leben zu retten, die Stellungen verraten, der ältere widerstrebt. Unter dem Vorwande, mit dem deutschen Offizier nochmal sprechen zu wollen, wird er aus dem Gefängnis vorgeführt, – der jüngere sieht derweilen aus dem Kellerfenster die Erschießung ihres früheren Kasinokochs – der ältere kommt zurück, er hat sich einen Revolver ausgebeten und erhalten und als der jüngere wieder Mal die Tür zu sprengen versucht, um alles zu verraten, erschießt er seinen Bruder und wird eine Viertelstunde später selbst standrechtlich erschossen.

Alle Deutschen und viele Brasilianer verlassen tiefgekränkt das Theater.

Ich sehne mich nach unseren guten Kinos. V a r i e t é t h e a - t e r gibt es gar nicht, diese Art der Veranstaltungen – wie auch

50

unsere Vorträge – sind schwer zu organisieren, alles wegen der Hitze. Im Kino wird stets nur ein Großfilm mit Pausen gespielt, höchstens noch eine Wochenschau dazu; mehr als 1 1/2 Stunden hält man es in einer solchen Veranstaltung nicht aus. – Im Bau ist ein neues Ufa-Theater, die Direktion ist an uns herangetreten, zur Eröffnung einen der deutschen Filmgrößen: Conrad Veidt oder Otto Gebühr im „Graf Zeppelin" herüberzuholen. Wir haben dieses in Anbetracht der deutschen Filmproduktion befürwortet.

Religion

Brasilien ist katholisch und die Leute sind sehr fromm, sehr viele Kirchen gibt es, es mögen über 200 Kirchen hier in Recife sein. In B a h i a kann der fromme Beter jeden Tag die Kirche wechseln; es gibt dort genau 365 Kirchen; und im Schaltjahr – so sagt ein Ortswitz – wissen sie nicht, wo sie hingehen sollen! Wenn's Mittag läutet, zieht auch der verkommene Eckensteher seinen Hut, die Unterhaltung und das Schreien der Straßenhändler stockt einen Moment.

In jedem Hotelzimmer hängen Heiligenbilder, in den Hütten der Eingeborenen ist das Heiligenbild der einzige Schmuck. Man trägt hierzulande noch viele gesegnete Medaillen und Goldkreuzchen.

Die K a r w o c h e wird besonders geheiligt.

Von Mittwoch bis Ostersonntag ruhte fast jeder Betrieb, nur die jüdischen Geschäfte, die polnischen Händler der Hauptstraße, öffneten ihre Läden; dagegen wurde Ostermontag gearbeitet.

Karfreitag wurde besonders gefeiert.

Zahlreiche Pfarrerprozessionen zogen um, die in einem offenen Sarge Jesus zu Grabe tragen, die Bevölkerung beteiligt sich sehr stark, besonders sehr viele Frauen, die alle einen weißen S c h l e i e r trugen, um so noch feierlicher wirkten. Im zweiten Teil der Prozession wurde eine M a r i e n s t a t u e getragen, eine schlanke blasse Steinfigur mit prachtvollen weiten Kleidern, wobei besonders auffiel, dass der Heiligenschein nicht um den Kopf gelegt war, sondern senkrecht auf den Kopf aufgepflanzt

war. Und dann kurz dahinter, z u m S c h l u s s der Prozession die Militärmusikkapelle, die in gedämpfter Weise einen richtigen langsamen Walzer spielte. Zuerst traute man seinen Ohren nicht, nachher schien einem auch dieses Spiel passend und würdevoll.

Was wir so essen und wie wir so leben ...

Früh morgens, recht früh wird man wach, die Vögel flattern durchs Zimmer wie abends vor dem Einschlafen die Fledermäuse, aber da man ja unter einem hohen Moskitonetz schläft, kann einem dies alles nichts anhaben. Die Oberlichter haben rotes, gelbes und grünes, die Fenster selbst meist hellgrünes Glas, so dass man beim Erwachen meint, man liege unter künstlicher Höhensonne. Der Körper erscheint erschreckend bläulich. Das so abgedunkelte Zimmer täuscht die hier nicht vorhandene Dämmerung vor und trotzdem ist draußen heller Tag und schon recht warm; aber zum Arbeiten sind diese Stunden die geeignetsten. Zuerst nimmt man eine ordentliche Dusche im allgemeinen Baderaum. Unterwegs begegnet man im Hausflur allerhand vermummten Gestalten in Bademänteln. Dann zieht man sich gemächlich an; denn gerade überm Anziehen kommt man am leichtesten ans Schwitzen. Während draußen die Händler im Vorbeigehen ihre Waren ausschreien, gehen wir zum Morgenkaffee; d.h. ich habe mich hier im Kaffeelande Brasilien für Tee entschieden. Zuerst isst man ein oder zwei brasilianische Apfelsinen, deren dünne Schale noch grün ist. Während wir daheim fein säuberlich die Schale abpellen und die einzelnen Stückchen nacheinander essen, lernt man hier rasch, die Frucht nicht den Längengraden nach, sondern im Äquator durchzuschneiden; dann hat man die Kerne offen liegen, pickt sie mit der Gabel heraus und saugt die saftige Frucht aus. Das schmeckt herrlich und hilft über die Verdauungsschwierigkeiten der schweren brasilianischen Küche hinweg. Meerkatzen, die wir ja allgemein als Affen ansprechen, sind unsere Gäste und betteln um Süßigkeiten, hauptsächlich um Marmelade. Man stellt ihnen Schüsselchen hin wie daheim unseren Haustieren. – Nach dem ersten Frühstück arbeiten wir oder machen unsere Besorgungen in der Stadt; gegen 11.00 Uhr ist man wieder in der Pension, da um diese Zeit die meisten Geschäfte und Büros schließen. Punkt 12.00 Uhr ein mörderisches Schellen, es ist Zeit zum zweiten Frühstück (Mittagessen), sehen wir uns doch mal unsere Mittags- (Frühstück) und Abendbrot (Hauptmahlzeit) an:

Frühstück: Kalbshirn a la Milanes; Kartoffelsalat; Reis-Kopfsalat; Roastbeef-Eierfrüchte; Goiabada-Bananen; Kaffee

Abendessen: Fleischsuppe; Ragout mit Reis und grünen Bohnen; gebratenes Huhn mit Kartoffeln und Kopfsalat; Apfelsinenpudding; Kaffee

Frühstück: Spiegeleier mit Reis; Makkaroni mit Tomaten; Schweinefleisch mit Kartoffeln und Salat; Goiabada-Bananen; Kaffee

Abendessen: Makkaroni-Suppe; Erbsen mit Frankf. Wurst; Reissalat; gedämpftes Schweinefleisch mit Kartoffeln und Karotten; Pflaumencreme; Kaffee

Frühstück: Brasilianisches Bohnengericht; Reis-Gurkensalat; Truthahn mit Kartoffeln; Fruchtsalat; Kaffee

Abendessen: Suppe mit Makkaroni; Eier mit Mayonnaise, Salat; kaltes Schweinefleisch; Schwarzbrot-Käse-Butter-Gelee; Kaffee

Der Brasilianer isst gut und viel; in der ersten Zeit konnten wir es kaum fassen, jetzt haben wir uns daran gewöhnt. Man muss viel essen, weil das Klima zehrt. Man trinkt dauernd destilliertes Wasser, wovon für jeden Gast eine große Art Cognacflasche auf dem Tisch steht, dazu große viereckige Eisstückchen aus dem Frigidaire-Schrank, und eine solche Pulle trinkt man beim Essen rundweg leer. Gott sei Dank geht das nicht alles durch die Nieren, man schwitzt es wieder aus, ehe es soweit kommt. Dem alten Herrn geht der kalte Tee auf seinem Zimmer nicht aus; dauernd stehen ein oder zwei Teepöttchen auf seinem Tisch. Nach dem Dessert

gibt es ein Mokkatässchen Kaffee, das 1/4 mit Zucker gefüllt wird. Der brasilianische Rohrzucker schmilzt im Nu im Gegensatz zu unserem Rübenzucker. Der Kaffee ist schwer und dickflüssig, verursacht aber kein Herzklopfen. Und nach dem Essen beginnt ein lustiger Zahnstocherkrieg; in einzelnen Gegenden soll noch mittags ein Holzpflock auf dem Tisch des Hauses liegen, wovon sich jeder seinen Spahn abschneidet. Ist auch diese öffentliche Zahnreinigung vorbei, dann wird gepennt, nur leicht bekleidet schlüpft man unter das Moskitonetz und verschläft die größte Hitze. Singt dann draußen die schwarze Josepha, der Manoel oder sonst jemand aus der 16-köpfigen schwarzen Dienerschaft laut, dann ruft man nur im kräftigen Ton Cala bocca (Halt den Mund!) und sie spritzen kreischend auseinander. Nach dem Abendessen geht man durchweg nicht mehr aus. Man sitzt in Gruppen zusammen auf der Terrasse und raucht vielleicht noch eine charuto (Zigarre) und sieht dabei den Eidechsen zu, die im grellen elektrischen Licht an den Mauerwänden Insekten jagen. Oder man spielt Skat und Schach im großen weißen Saal. Manchmal gibt's auch „internationales Familienkonzert". Da spielt der alte Herr frohe Rheinlieder, die in Stimmung bringen, dann eine junge Brasilianerin Beethovens Mondscheinsonate, die schwarze Polin mit den rotgemalten Lippen spanische Tänze, ich Wiener Walzer und Karnevalschlager, ein Engländer wieder ernstere Sachen. Aber um 9.00 Uhr liegt alles in der Falle.

Was man so sieht und hört

Die „bonde" bringt uns zur Stadt. Sitzt da ein buntes Volk im Wagen! Vor mir eine schwarze Schöne mit wolligem Krauskopf, in das ein breiter knallgrüner Kamm gesteckt ist. Je näher wir zur Stadt kommen, je besetzter wird die Bahn; schon stehen links und rechts die Trittbretter voll. Der Schaffner kann kaum vorbei, jedoch schlängelt er sich affenartig durch. Auch die Zeitungsjungen, die in voller Fahrt aufspringen und ihre Zeitung anpreisen, sind sehr gewandt. 5–8-jährige Jungens, die mit Süßigkeiten, Bleistiften, Lotterielosen und Perlenketten handeln, stürzen sich auf die Bahnen und springen in voller Fahrt auf vorbeifahrende „bondes" über. Wenn das der Leiter der Haftpflichtabteilung bei unseren Verkehrsbetrieben sähe, er würde die Sprache verlieren. Überhaupt so ein Stückchen als Unbemittelter mitfahren oder aber einen Bekannten sehen, rasch aufspringen, mit ihm etwas überlegen und dann wieder abspringen, über solche kurzen Mitfahrten sieht der Schaffner großzügig hinweg, während er, was das Mitnehmen von Paketen angeht, bürokratischer und unversöhnlicher ist als bei uns. Ich kaufe mir eine Zeitung; so allmählich lernt man in Erinnerung an die ersten Lateinstunden eine ganze Reihe des wohlklingenden Portugiesischen. Was einem in den Zeitungen sofort auffällt, sind die großen Annoncen der Ärzte, die – wie bei uns „Weiße Woche" – ihre Heilapparate und Erfolge anpreisen. Da wir gerade davon sprechen, es gibt natürlich keine Krankenkasse und keine Fürsorge. Nur wer Geld hat, kann zu einem „richtigen" Arzt gehen: deren es hier nicht allzu viele gibt; alles andere ist auf Kurpfuscher oder „halbfertige" Ärzte angewiesen. Es gibt allerdings jetzt als neueste Einrichtung in gewissen Anstalten, wahrscheinlich in Anlehnung an die hiesige medizinische Fakultät, auch sogenannte Freistunden.

Nachdem ich im Stadttheater Isabel, dessen Außenwände noch voller Löcher von Infanterie- und MG-Einschlägen der letzten Revolution sind – es liegt neben dem umkämpften Gouvernements Palast – nochmal die Einrichtung für unseren Abendvortrag geprüft habe, setzte ich mich an einen der Trottoir Tische eines Delikatessengeschäftes, um Eis zu essen. Sofort hocken vor mir zwei Stiefelputzjungen und reißen an meinen Schuhen, so dass ich mich ihrer kaum erwehren kann. Vergebens sehe ich mich nach Bedienung um; den Mann hinter der Theke geht das nichts an, das ist Sache des Kellners. Aber der ist vielleicht rasch – für eine halbe Stunde – in einem der benachbarten L o t t e r i e g e s c h ä f t e. Rechts die gezückte Leica, warte ich auf Opfer und lasse so das bunte Treiben der Hauptstraße an mir vorüberziehen. – – Eine Militärabteilung zieht vorbei; wenn sich auch mein Ohr bei der Militärmusik an exotische Besatzungsklänge erinnert, so machen doch die Soldaten in ihrer S k a h i u n i f o r m einen guten Eindruck und die rasche Auffassungsgabe der uns zur Verfügung

gestellten Landungsmannschaften des Jägerschützenregiments lässt erkennen, dass man nur erstklassiges Menschenmaterial zum Heer wie auch zur Polizei zulässt. Übrigens ganz in unserer Nähe ist eine Kaserne in der eine Art „ E i n j ä h r i g e n k o m p a n i e " untergebracht ist. Brasilien hat zwar die allgemeine Heerpflicht, aber nur ein kleiner Prozentsatz wird ausgehoben. Um der Auslosung zu entgehen, schließen sich die halbwegs besseren Jungens, Studierende und Kaufleute in einer Art Schützenvereinen – internatsmäßig – zusammen; hier werden sie gründlich theoretisch und praktisch ausgebildet und machen auch ein Examen; man könnte sie als Reserveoffiziere bezeichnen. Alles flotte Bengel in schicken Uniformen, ihr Auftreten ist ziemlich burschikos und jugendlich-anmaßungsvoll, oft wenn sie zu einer großen Clique auf die bonde springen – der Schrecken der Schaffner. Überhaupt machen sie allerhand Unsinn – Kadettenstreiche! An einem der letzten Abende pöbelten sie alle vorübergehenden Damen an. Schon kam die Polizei und verhaftete sie alle.

Der Kellner kommt noch immer nicht; Paciênca, nur die Ruhe! Bestellt man einen Brasilianer auf 8.00 Uhr, kommt der kaum vor 9.00 Uhr. Auch das Ein- und Aussteigen in der Straßenbahn geht immer mit der Ruhe; dieser Zeitverlust wird durch ein unheimliches Tempo aufgeholt. – Es wird mir nicht langweilig auf meinem Beobachtungsposten, das Leben ist zu bunt hier. – Nebenan haben ein paar P f e r d e h ä n d l e r Platz genommen, abwechselnd besteigen sie das am Tisch angebundene Pferd und rasen einmal die Straße auf und ab. Schließlich werden sie handelseinig, die großen schmutzigen Inflationsscheine flattern, das Pferdchen trabt ab ins Innere des Landes. Es geht auf Geschäftsschluss – 6.00 Uhr – zu, da wird das sonst gemächliche Tempo etwas rascher. Besonders die Laufburschen haben's eiliger; alles wird auf dem Kopf getragen, Schreibmaschinen, Akkubatterien, Karren- und Autoräder, leere Särge, eine Nähmaschine mit den ehernen Füßen nach oben und da … kommen 6 Mann und tragen auf dem Kopf ein Klavier, sie singen, damit sie nicht aus dem Takt kommen. Als man mal vor Jahresfrist das Singen verbot wegen des „ruhestörenden Lärms", da ruhte das Klaviertransportgeschäft wochenlang – bis man wieder Singen gestattete.

56

Fruchthändler tragen an einer Schulterstange mit langen, fast bis zur Erde reichenden Stricken kreisrunde Körbe mit allerhand Leckerbissen, sie müssen oft ein Stückchen laufen, sonst geraten die Körbe ins Schwingen und schlagen ihnen gegen die Schienbeine. Halt, endlich einmal ein Motorrad, deren es hier sehr wenige gibt. Autos gibt es nicht allzu viele, wenig Privatwagen, meist Taxen, die ohne Kilometerstand nach Zeit gemietet werden. Sie stehen nicht in besonderem Ansehen, da es fast jedes Mal wegen der Rechnung Krach gibt. F a h r r ä d e r g i b t e s ü b e r h a u p t n i c h t. Wozu auch bei den billigen Straßenbahnen sich müde strampeln! Da läuft ein Schwarzer und trägt ein auf langen Beinen stehendes G l a s s c h r ä n k c h e n a u f d e m K o p f ; durch eine helle Schelle macht er auf seine Kaffeeteilchen aufmerksam. An der gegenüberliegende Straßenecke setzt er seinen Laden ab und schreit und schellt, ein elendiglich zerlumpter Bettlerjunge, dessen Rockrücken fast ganz herausgerissen ist, setzt seine 2–3 Pfg. um, dann nimmt der „fliegende Händler" seine Laden wieder auf den Kopf und rennt davon. Es wird Abend und da muss er noch etwas absetzen; denn den ganzen Tag über hat er im Park geschlafen und nun naht die Abrechnung. Ein Schwarzer tutet auf einem Fastnachtströtchen, auf dem Kopf trägt er eine quadratische Blechbüchse mit Erfrischungen inmitten einiger Eisstückchen. Am Trottoirrand sitzt ein Bijou-Agent und macht durch eine Karfreitagsklapper auf sich und sein Geschäft aufmerksam. Man sieht viele Uniformen, besonders sonntags, wenn statt des gelben Skahi ein blendendes Weiß mit weißem Tropenhelm den Ausgangsanzug bildet. Am schicksten sind die T e l e g r a p h e n j u n g e n s , kleine dunkelbraune Gestalten.

Dann und wann gibt's an unserer Ecke eine Verkehrsstockung, alles wartet geduldig. Paciênca! Überall wird gebuddelt. Man bringt m o d e r n e S i g n a l l a m p e n an, die entweder mitten auf der Straße stehen oder an der rechten Hausecke hängen, vom Bürgersteig aus aber in jedem Falle von einem Polizisten durch Kurbel gedreht werden. Nebenan wird Würfel gespielt, darüber wird's manchmal laut. Frauen aller Länder gehen vorbei, meine Leica knipst unauffällig, das Bunte ihrer Kostüme wird noch dadurch erhöht, dass all' die kleinen Einkaufspaketchen in r o s a -

rotem, knallgrünem oder saftig gelbem Papier eingewickelt sind. Der Kaufmann richtet sich beim Einpacken danach, dass die Käuferin nicht zwei Paketchen gleicher Färbung trägt! Ihre kleinen Füßchen tragen vielfach Schlangen-hautschuhe. Man kauft diese Häute sehr billig und lässt sich die Schuhe nach Maß machen; bei uns sollen solche echten Schlangenhautschuhe ca. 100 RM. kosten. Dagegen läuft der Arbeitsmann wie überhaupt alle Straßenhändler, Zeitungsverkäu-fer usw. barfuß herum, städtische Straßenkehrer sah ich nur mit einem – linken Schuh – und einmal begegnete mir ein Schwarzer, der seine – nach unseren Begriffen seit Jahren ausgedienten – Ten-nisschuhe, die er Gott weiß wo mal geschenkt bekommen hat, zur Schonung fein säuberlich nebeneinander auf dem Kopfe trug.

Neben vielen vornehmen Gestalten sieht man auch furcht-bares Elend; man muss sich aber hüten, auch nur einem der vielen Bettler etwas zu geben, sonst stürzen – wie auf Kom-mando – direkt 20 lauernde zerrissene Gestalten auf einen zu, ich werde ausdrücklich hiervor gewarnt. – Da geht ein Matrose, er hat auf dem Mützenband auch am Hinterkopf den Namen des Schiffes. Schwarze und dunkelbraune junge Damen – wahr-scheinlich ein Pensionat – ziehen vorbei in grellgelben Kleidern, wieder bunte Paketchen unterm Arm. Eine Schar Jungmädchen in blauem Rock und weißen Blusen mutet heimatlich an. Auf den meist schwarzen Haaren sind rosa Tuchkappen sehr beliebt; andere ziehen es vor, ohne Kopfbedeckung zu gehen. Die vor-nehm gekleidete Dame mit langem Gesellschaftskleid trägt einen großen breiten Hut, nach den Schaufensterauslagen scheint dies das Neueste zu sein. Reizend verstehen die jungen Mütter ihre schwarzen Kinderchen zu kleiden, so ein schwarzer Krauskopf in langen weißen Hosen und rotem Blüschen oder das Mädchen in kurzem Spitzenkleidchen.

Ich denke an meine drei Kinder zu Hause. Da tritt von rück-wärts meine Tanzpartnerin aus dem Deutschen Club, eine gebo-rene Erfurterin, an meinen Tisch, ihr kleiner kaum 4-jähriger Heinz, ein Schimmelchen wie mein zweiter Junge, in langer blauer Hose und gelber Bluse an der Hand; als Ersatz für meine Jungens drücke ich ihn herzlich an mich und kaufe ihm saure Bonbons.

Dann beschließen wir, da der Kellner immer noch nicht da ist, eine gastlichere Stätte aufzusuchen. Es spricht sich rund, dass es in dem Delikatessengeschäft „Phönix" gutes frisches Bier gäbe, direkt vom Fass, eine Seltenheit hier, da man sonst auf Flaschenbier angewiesen ist. Ich erzähle meiner Wegweiserin, indem wir uns durch den Verkehr durchschlängeln, wie es vor langen Jahren mal in den Vogesen hieß, bei der bayerischen Nachbardivision sei Bier angekommen. Und da machten wir uns auf den Marsch, durch hohen Schnee, stundenlang bergauf bergab, fast einen halben Tag marschierten wir bis zum Ziel und nur aus Gnade, Barmherzigkeit und Mitleid gab man uns je 2 Glas, da das Bier genau nach der Verpflegungsstärke kontingentiert sei. Andern Tages langten wir wieder in unserem Quartier an.

Im „Phönix", wo schon eine ganze Reihe vom Deutschen Club sitzen, setzt man mir ohne Fragen einen „Shopp" vor, die Deutschen trinken nur Bier. Ein herrlicher Zug, das erste anständige Bier seit 3 Wochen; dann lese ich mit Erstaunen auf dem Bierteller „K r o n e n b r ä u S w a k o p m u n d" ! Wie kommt das denn hierher, war das nicht einmal eine deutsche Kolonie in Afrika? Man klärt mich auf: Bei Kriegsausbruch waren 5 große deutsche Dampfer unterwegs nach Deutsch-Südwestafrika, wo sollten sie anders hin – sie liefen Brasilien an, unsere Stadt Recife. Als ihr Bargeld aufgebraucht war, musste die Besatzung systematisch alles, was nicht niet- und nagelfest an Bord war – nicht im Einzelramsch oder persönlichem Profit – sondern durch den Zahlmeister verkaufen, um am Leben zu bleiben. So kamen diese deutschen Bierteller nach hier. Noch heute haben hiesige Kaufleute – wie mir ein Bankbeamter erzählte – Geschäftsbücher aus dem damaligen Ausverkauf in Gebrauch mit Rubriken, die sie gar nicht auszufüllen vermögen.

Brasilien ist übrigens auf dem Papier mit uns im Krieg gewesen, nach Nordamerika, auf Druck all' der anderen; p r a k t i s c h h a t e s a m K r i e g e n i c h t t e i l g e n o m m e n. Einmal wurde ein Schiff mit 200 Offizieren und Mannschaften aus allen Regimentern als „Lehrbataillon" zusammengestellt, das sich drüben mal so ein bisschen aus der Entfernung den Krieg ansehen sollte. Unterwegs aber brach auf dem Schiff Fieber aus; es kam

weder ein Mann zum Kriegsschauplatz noch wieder zurück, die meisten liegen an der afrikanischen Küste begraben.

Im Kreise der Deutschen fühlt man sich rasch heimlich; das Clubhaus ist von einem herrlichen Park umgeben. Die oberen Räume beherbergen die Schulräume für etwa 50 Kinder unter dem unermüdlichen Dr. Kadlitz. Parterre sind die Gesellschafts-räume. Die ziemlich umfangreiche Bibliothek ist sehr begrenzt, da Brasilien sozusagen keinen eigenen Büchermarkt besitzt. Die Aus-länder, besonders die Engländer, lassen sich gerne einführen, weil es hier so gemütlich zugeht. Der d e u t s c h e K a r n e v a l s - b a l l soll dieses Jahr der s c h ö n s t e gewesen sein. Auch die Brasilianer halten große Stücke auf die deutschen Clubfeste und die Brasilianerinnen halten hier starke Ausschau nach den heirats-fähigen Deutschen.

Auch die Einheimischen kargen nicht mit Einladungen, der Brasilianer ist sehr gastfreundlich. Nach dem Kino wird man tod-sicher zu einem kleinen Familientee eingeladen. Tritt man ins Haus ein, so wird man vom Hausherrn u m a r m t ; man fasst sich gegenseitig leicht unter die Schultern und klopft die Schulterblät-ter. Als man uns zuerst so begrüßte, waren wir paff; daheim würde man es als plump-vertraulich bezeichnen. Man muss diese Sachen alle mitmachen; denn darin ist der Brasilianer empfindlich. Vor allen Dingen muss man vermeiden, als „Fremder" bezeichnet zu werden und als solcher zu gelten. Wenn wir in unseren weißen Luftschiffermützen durch die Stadt gehen, bleiben viele Leute ste-hen oder drehen sich um; in der „bonde" sind wir ein beliebtes Schauobjekt, jeder versucht, mit uns ins Gespräch zu kommen, jeder Schiffsangehörige ist für sie „K o m m a n d a n t Z e p p e - l i n ?" und wir müssen immer ja nicken. Die Kinder laufen hinter uns her und wir schenken ihnen Zeppelin-Postkarten. Wir biedern uns so ganz nett an. Begegnet uns jemand, der uns Gott weiß wo mal vorgestellt wurde, so begrüßen wir ihn nicht durch Hutabzie-hen oder Mützengruß, sondern mit der erhobenen linken Hand spreizt man die Finger und übt damit Tonleiter! Das ist ein ver-traulicher Gruß. Auch hierzulande scheint man sich bei gegebenen und besonderen Gelegenheiten zu küssen. Nur keine Aufregung; ich hab's nur einmal gesehen, als ein junges Mädchen von der

Elektrischen sprang und ihre Freundin begrüßte. Man drückt die linken Wangen und die Lippen mögen ungefähr zwischen letztem Backenzahn und Ohrläppchen enden. Einmal sah ich, wie ein braver Sohn in meinem Alter seinem Vater auf der Straße die Hand küsste; das sah sehr würdevoll aus. Im Geschäft behält man immer Hut und Mütze an, fährt man jedoch mit einer Dame im Fahrstuhl zusammen, so muss man die Kopfbedeckung in die Hand nehmen. Steigt man zu dritt oder viert in die offene Straßenbahn ein, s o   b e z a h l t   d e r   z u l e t z t   E i n g e s t i e g e n e , der also dem am Seitentrittbrett vorbeifahrenden Schaffner zunächst sitzt, für a l l e   z u s a m m e n ; das ist hier so Sitte.

Besonders freundlich sind die Polizisten. Sie helfen einem gerne durch die neuartigen Straßenbenennungen durch. Bei der Vorbereitung unserer Vorträge müssen wir feststellen, dass nur wenige Leute Telefon haben, die schwarzen Laufburschen sind so billig, da schickt man Briefe hin und her. Auswärtige Ferngespräche gibt's gar nicht, da muss man kabeln. Kurios ist, dass das Telefonbuch nach den – Vornamen geordnet ist, weil man vielfach in der Unterhaltung auch bei weniger bekannten Leuten und Firmen nur die Vornamen nennt. Ein W i r t s h a u s g e h e n   w i e   b e i u n s   k e n n t   m a n   h i e r   g a r   n i c h t ;   e s   g i b t   e i n - f a c h   k e i n e   W i r t s c h a f t e n   i n   u n s e r e m   S i n n e . Die Delikatessen- und Kolonialwarengeschäfte schenken nebenbei Flaschenbier aus, nur ganz selten vom Fass; meist gibt's dies nur im deutschen Club. Da die Geschäfte um 6.00 Uhr schließen, würde der deutsche Biertrinker rasch trocken stehen.

Einmal lud mich ein deutscher, schwerreicher Färbereibesitzer zu einem fabelhaften Abendessen ein in dem einzig bestehenden Lokal, das etwa unserem Hotelrestaurant entspricht. Das Feinste vom Feinsten ließ er bei einem süßlichen einheimischen Wein auffahren und nachher noch eine echte rheinische 1921er. Zahlreiche breite Steuermarken deuteten darauf hin, dass er recht teuer war. Auch dieses Lokal schließt schon um 9.00 Uhr. Will man nun über diese Zeit hinaus – etwa nach dem Kino – eine Flasche Bier trinken, dann bleiben eben nur die wenigen Bars übrig. Auch das muss man gesehen haben! Ein schmales Lokal, die Straßenfront ist durch 3 ausgehobene Türen ganz frei, armes Volk lagert

auf dem Trottoire. Wie wir eintreten, setzt die Kapelle – Klavier und Geige – mit einem wilden brasilianischen Tanz ein und bald schon kommen 12 Mädchen und setzen sich an die leeren Einzeltische. Hier und da gesellt sich ein weniger vertrauend aussehender Geselle dazu; dann kommen noch einige Engländer. Die Mädchen alle sehr dezent angezogen, halten sich sehr zurück, erst wenn man sie heranwinkt, kommen sie. Ich tanze einmal Interesse halber mit einer Indianerin und einer Kreolin, das Tanzen verstehen sie wohl wie keine anderen. Der Tanz ist zu Ende; die armen Mädchen gehen wieder an ihre Tische. Hunger leuchtet ihnen aus den Augen. Ich erinnere meinen neuen Freund an unser opulentes Abendmahl und sofort geht er auf meinen Vorschlag ein. Wir wollen sie mal satt machen. Die dicke polnische „Pensionsmutter" gerät in Aufregung. 12 warme Schnittchen und ebenso viele Flaschen Bier auf einmal, das ist lange nicht mehr vorgekommen. Gierig stürzen sich die jungen Mädchen an den gedeckten Tisch, einige Kavaliere bekommen auch was ab. Mein Freund zahlt heimlich. – Er wirft noch einige Schachteln Zigaretten auf den Tisch und weg sind wir, ehe sie es begriffen haben.

Soll unsere Jugend ins Ausland? Ja, und dreimal Ja, auch jetzt. Hätten wir vor dem Kriege mehr Auslandskenntnisse gehabt, dann wäre manches anders gekommen.

Der Deutsche hat keine Auslandserfahrung. 1910 hatte ein mir bekannter Schulmann folgende „Schnapsidee": Auf einem ausrangiertem Kreuzer sollten ca. 200 Obersekundaner und Unterprimaner aus allen Städten des Reiches eine zweijährige Weltreise machen, von weitsichtigen Pädagogen geleitet und weiter unterrichtet werden und dann – abiturreif – zu ihren Schulklassen zurückkehren, wo sie sicherlich befruchtend und aufklärend wirken würden. Man wies diesen „fantastischen" Plan, der einer Nachprüfung sicherlich wert gewesen sei, vom damals zuständigen Ministerium zurück.

Mit meiner Frau bin ich mir schon nach meiner ersten Auslandsreife darüber klar geworden, dass unsere Jungens – und auch das Töchterchen – unbedingt heraus müssen. Eine gute Schulbildung und ein gefestigter Charakter als gute Unterlage, ein ernstes offenes Wort von Vater und Mutter zum ausziehenden Kind, kein

Vorgesetztenstandpunkt und keine Moralpredigt, sondern eine klare Aussprache wie von Freund zu Freund – und dann mit Gott hinaus in die weite Welt! Dort nur wird sich ihnen – wie dem Flieger – der Horizont weiten und sie werden unendlich viel fürs Leben lernen.

Die erste Post kommt an! Nach einer Rekordfahrt von 61 Stunden erscheint „Graf Zeppelin" auf seiner zweiten Südamerikafahrt von Olinda kommend wieder am Ankermast, wo die schwarzbraunen Soldaten aufgepflanzt sind: nach mehreren Schleifenfahrten landet er parademäßig und liegt seitdem fest am Ankermast.

Direkt nach der Landung schon ruft einer der Schiffsbesatzung uns zu: „Ich habe einen ganzen Haufen Post für Sie", und bald halt ich zwei dicke Pakete in der Hand. Viel zu lange wird es mir, ehe ich auch nur einen kleinen Blick in den letzten Brief werfen kann, dass daheim alles in Ordnung ist. Mit dieser Beruhigung widmet man sich den angekommenen Fahrgästen, bringt sie ins Hotel, erstattet Bericht und erhält neue Informationen, muss noch einigen Neuangekommenen, darunter auch dem Vizepräsidenten des Aeroclubs, Herrn von Höppner, das „Nachtleben" von Pernambuco zeigen. Dann erst geht's zurück in die Pension, wo ich noch 2 volle Stunden all' diese Briefe und Zeitungen studiere. Übermüde schlafe ich unter meinem Moskitonetz, sozusagen nur von den Heimatzeitungen zugedeckt, mit den Briefen meiner Lieben daheim im Arm ein.

Flug Recife-Bahia-Rio de Janeiro
im Kondorflugzeug

Das Programm in Recife ist abgewickelt, zuerst die Besuche bei den Prominenten, bei den Zeitungsgewaltigen und den Großfirmen, Verteilung einiger Zeitungsartikel, der Vortrag im deutschen Club, der Vortrag für die breite Öffentlichkeit und zum Schluss im Rundfunk, Ausfindigmachung eines Vertrauensmannes für die weitere Mitarbeit und jeden Abend Einladungen und persönliche Bearbeitung von Interessenten.

Nun kann es nach dem Süden gehen. Syndicato Condor Ltda., eine brasilianische Luftverkehrsgesellschaft rein deutscher Gründung, die der Luft Hansa nahesteht, hat mir liebenswürdigerweise einen Freiflug zur Verfügung gestellt.

Der Start ist auf 8.00 Uhr festgesetzt. Das Auto kommt und kommt nicht: schließlich ist es da mit der hierzulande notwendigen Paciênca und kaum hat es sich in Bewegung gesetzt, da hält es auch schon an der nächsten Tankstelle. Die hiesigen Chauffeure tanken immer nur 5–10 Liter und dann wieder, wenn eine weitere Fahrt gemacht werden soll. Ich fluche wie ein Rohrspatz, der Führer aber verliert die Ruhe nicht, Paciênca! Pina, der Wasserflughafen des Condor-Syndikats, liegt weit draußen, nicht so günstig wie der amerikanische der Panair-Linie, die hierfür riesige Gelder auswerfen kann. Wie ich draußen ankomme, sind die Formalitäten für die anderen Mitreisenden schon erledigt, und es dauert eine ganze Weile, bis all' die Papiere und Listen über meine kleine Persönlichkeit ausgefüllt sind.

Außer Dr. Kruse, dem großen Gönner der Kölner Luftfahrt fliegt auch noch Herr Wronsky Jr., der Sohn eines der beiden Vorstandsmitglieder der Deutschen Luft Hansa, mit nach Rio.

Der Chauffeur verlangt 20 Millreis, ich wiederhole den Preis und er nickt bejahend. Ich gebe ihm die Hälfte und sehe ihn böse an, mache die bekannte Drehbewegung mit dem Zeigefinger an der rechten Schläfe und – da gibt er sich zufrieden. Die hiesigen Chauffeure sind sehr gerissen.

Ein Nachen bringt uns hinüber zu dem an der Boje liegenden dreimotorigen Junkers-Wasserflugzeug, das die Hoheitsabzeichen P–BABA führt und den Namen Ypiranga, ein Vorort von St. Paulo, von wo aus s.Zt.[3] die Unabhängigkeitsbewegung ausging.

Es ist alles startbereit, Flugkapitän S c h u s t e r, der bereits seit 7 Jahren hier auf dem vorgeschobenen Auslandsposten über 650.000 Kilometer in den Tropen zurückgelegt hat, eine äußerst sympathische, große Erscheinung, ist unser Führer; ein deutscher Monteur, auch als 2. Führer fliegend, sowie – nach Vorschrift – ein brasilianischer Junker, der aber als Witwer einer Hamburgerin ein sehr gutes Deutsch spricht, ergänzend die Besatzung. 8.30 Uhr starten wir, leicht hebt sich der Riesenvogel vom Wasser ab, wir bewundern wieder mal die Konstruktionen Prof. Junkers.

Mit Rückenwind gestartet, haben wir gleich den richtigen Kurs nach dem Süden; das Wetter ist heiter und sonnig, nur vereinzelte Kumuluswölkchen am Horizont, backbord liegt spiegelglatt die weite See, auf der wir nur einige kleinere Segelboote entdecken. Trotzdem geht eine ziemlich starke Brandung, das bekannte Riff, das längs der Küste in etwa 50–100 Metern Abstand hunderte Kilometer parallel laufende Korallenriff, zeichnet sich deutlich ab; auf vorspringenden Landzungen sehen wir einige Leuchttürme. Steuerbord haben wir das Festland, zuerst der Küste lang laufende Palmenhaine, viele Seen und Tümpel, worin wohl Tausende von Krokodilen hausen mögen, ins Meer sich ergießende kleinere Flussläufe, dann aber tiefschwarze, dichte Wälder, unberührte Urwälder und am Horizont das Hochplateau Brasiliens. – Wir haben es uns in der geräumigen Kabine, die 8 Passagieren Platz bietet, gemütlich gemacht, die Röcke abgelegt und lehnen uns behaglich in die mit weißem Leinen bezogenen Klubsessel. Die Fenster sind alle offen, sodass die Haare im Winde flattern. Das Meer nimmt jetzt bei höherstehender Sonne eine grünlich schillernde Färbung an, die zunehmenden Haufenwolken heben sich als dunkle Schat-

3   Anm. Verlag: Die Abkürzung bedeutet seinerzeit.

tenflächen hierin ab. Nur immer wieder vereinsamte Segelboote und hier und da auch schon Jangadas, die Wasserfahrzeuge der Eingeborenen; 6 vorn und hinten leicht angespitzte Stämme aus besonders leichtem Holz, mit Stricken zusammengebunden, ein kleines Körbchen für die erbeuteten Fische, ein kleines Bänkchen, davor Mast und Segel, ein Ruder und am Strick ein schwerer Stein als Anker, so gehen sie dem Fischfang nach.

Erfahrene Seeleute erzählen mir, dass man diesen Fahrzeugen manchmal 100 Kilometer d r a u ß e n b e g e g n e t , die Eingeborenen blieben damit manchmal 8 T a g e u n t e r w e g s a u f h o h e r S e e ! Und weit draußen – etwa zwischen den Kapverdischen und den Kanarischen Inseln – mag jetzt mein guter Prof. Milarch auf unserem braven „Graf Zeppelin" der Heimat zueilen …

Man reicht uns Watte für die Ohren, da das Motorengeräusch bei den offenstehenden Fenstern doch zuweilen etwas stört. Zum ersten Male in meinem Fliegerleben mache ich hiervon Gebrauch; als Sportflieger am eigenen Steuer verzichte ich hierauf, weil man mit offenem Ohr jede kleinste Veränderung im Motorengeräusch wahrnehmen kann. In 150 Meter Höhe fliegen wir genau Strich unserem Ziele zu, d.h. einmal über Land, manchmal die Küste kilometerweit steuerbord lassend, so dass sie sich nur noch sanft andeutet. Jetzt kommen wir wieder näher an Land, ein mäßig breiter Fluss mündet zwischen glatter, in den verschiedensten Rottönungen glänzender Steilküste. Um 9.00 Uhr passieren wir T a n n a n d r a und kurz dahinter wieder etwas landeinwärts, ein durch schwere Tropenschauer ausgewaschenes, nach der Seeseite hin steil abfallendes Gebirge mit offenen Felsen wie daheim unser E n n e r t , überrot. Vor uns taucht Maceió auf, umgeben von Palmenwäldern und sonstiger üppiger Vegetation; meine Kenntnisse in der hiesigen Flora sind noch nicht soweit fortgeschritten, dass ich sie unterscheiden kann, wahrscheinlich sind es Maulbeerbäume. – Gerade ist der Monteur zu uns gekommen, macht sich in aller Bequemlichkeit eine Zigarette an, schon geht auch der große Vogel zur Landung über, ein kurzer Stoß, ein leichtes Wippen, wir sind „gewassert", wie der Fachausdruck heißt, und zwar nicht an der offenen Meeresküste, was wegen der Brandung schwieriger wäre, sondern in einer der zahlreichen Buchten. Eine gute Stunde haben wir bisher benötigt für knapp 200 Kilometer, der Küstenschnelldampfer braucht 9 Stunden, die Eisenbahn 16 Stunden, da erkennt man erst den Vorteil des Flugzeuges für die hiesigen Entfernungen.

Am Ufer laufen die Schwarzen zusammen, einige weiße Anzüge sind dazwischen. Vom Ufer löst sich ein Kahn ab, ein deutscher Handelsvertreter liefert unter den kräftigen Ruderschlägen eines hünenhaften Schwarzen die gesammelte Post ab. Höflich fragt der ehrenamtliche Flugleiter, ob er eintreten dürfe. Zu jedem Flugzeug bringt er aus eigenem Antrieb – freiwillig aus seiner Tasche – seit Jahren, aus Begeisterung zur Sache, Erfrischungen an Bord, vor allem mehrere Flaschen köstlich schmeckenden Apfelsinensaftes, weiter Kaffee und Tee und Käsestückchen, in jedem ein Hölzchen, zum Anfassen bestimmt. Das schmeckt uns allen gut, besonders die Bananen mit ganz dünner Schale, nicht aber die Mangos, nach Ansicht einiger Leute, die sich daran gewohnt haben, ein Leckerbissen. Ich glaube, sie schmecken eher nach Terpentin und man soll sie m.E. nur in der Badewanne essen; denn man bekleckert sich so, dass man die Flecken nicht mehr herauskriegt. – Zwischendurch wird getankt; wenn unsere brave Luftpolizei das sähe, sie bekäme greise Haare, mir selbst kommt's auch komisch vor. Mit einem weiteren Kahn sind eine große Anzahl rechteckiger Bleckkannen, mit einem Handgriff oben, gekommen, die auf den beiden Flächen zuerst mal in Reihen aufgestellt und gezählt werden; denn die Schwarzen lassen gerne eine davon verschwinden. Sie enthalten je 18 Liter Betriebsstoff. Mit einem spitzen Eisenpickel wird dann in den Deckel ein großes Loch gestoßen, dieses mit der Hand zugehalten und ein kleines Loch in der entgegengesetzten Ecke, sodass sich der umgekippte Kanister schnell entleert. Herr Wronsky und ich sind uns darüber einig, dass diese Tankungsart rascher geht als daheim mit den teuren Elektrokannen. Eine solche Kanne müsste eigentlich in das Verkehrsmuseum, meine ich; aber ich kann sie nicht gut noch wochenlang mit herumschleppen. Die ausgeleerten Kannen wirbeln sofort durch die Luft an den Schwarzen unten im Kahn und die Schwarzen am Ufer freuen sich schon sichtlich auf dessen Rückkehr; denn diese Kannen sind ihr

Ein und Alles, ganze Häuser bauen sie daraus und in den Hütten selbst wieder Schränke und Truhen, Vorratskisten und Schmuckkästen, kurzum alles.

Wir starten wieder. Da es weit von der Küste abgeht, schlafe ich etwas. Ich habe in der letzten Nacht nicht mein erforderliches Quantum Schlaf bekommen. Durch leichtes Schaukeln – als Flieger spürt man das sofort – wache ich auf, wir sind wegen tiefgehender Wolken auch tiefer gegangen, Wolken und Nebelschwaden streichen an den offenen Fenstern vorbei. Auch wird's jetzt, wo wir uns wieder der Küste nähern, unruhiger, wenn auch die Brandung ruhiger geworden zu sein scheint. Vergebens halte ich nach menschlichen Siedlungen Ausschau, entdecke aber keine, obwohl zahlreiche Fischreusen die Nähe menschlicher Wohnungen andeuten. Hier zwischen dem Marschland, zwischen Wald und Sumpfgebieten, müssen sie eingebettet sein, wahrscheinlich ganz durch Bäume verdeckt. Erst nach einer weiteren Flugstunde entdeckte ich einen ausgetretenen Waldpfad und dann auch vereinzelte Eingeborenenhütten in quadratischer Form, dann wieder meilenweit keine menschliche Unterkunft. Hier könnten Millionen angesiedelt werden.

Steuerbord zieht jetzt ein heftiges Wetter auf, wahrscheinlich ist's sogar eines der gefürchteten Tropengewitter, ein Bild von unerhörter Farbenpracht, das sich uns – etwa 5 Kilometer über der offenen See – bietet. Darüber wölbt sich ein Regenbogen von größtem Glanz, ob ich ihn aber auf die Fotoplatte bekommen habe, ist mir bei den eigentümlichen Lichtverhältnissen hierzulande nicht klar. Einzig und allein das Fotografieren macht mir in Brasilien Schwierigkeiten, da man sich in der Belichtung nicht auskennt.

Flugkapitän S c h u s t e r geht auffallend niedrig, wir haben das schlechte Wetter überholt. Nach einem Regenschauer bricht die helle Sonne durch und beleuchtet in fantastischen Farben das Land. In 80 Meter Höhe sausen wir an dieser roten Steilküste vorbei, ausgefranselt und ausgehöhlt voll spitzer Zacken und Dome, Obelisken von 50 Meter Höhe, rund rum freigewaschene Grotten, Höhlen und Nischen in hellgelber, grüner, brauner, roter und goldiger Tönung, stets wechselnd, mindestens 15 Minuten lang, also wohl an 50–60 Kilometer, und doch jede Sekunde ein anderes, immer noch schöneres Bild. Wieder mache ich eine Reihe Aufnahmen mit den verschiedensten Blenden und Belichtungen, ich möchte doch wenigstens eine gute Aufnahme dieser einzigartigen Schönheit mit nach Hause nehmen. Die allmählich zum tiefen Blau übergegangene See wälzt sich ununterbrochen gegen dieses Steilufer und nagt und frisst stündlich neue Skulpturen ein. Ein kurzer, kaum 500 Meter breiter Ausschnitt – in 10 bis 15 Sekunden sind wir darüber weg – eine Flussmündung mit einigen Eingeborenenhütten, wo die schwarzen gestikulierend auseinanderlaufen. Was mögen sie wohl denken, wenn der Riesensilbervogel so über sie hinwegsaust? Dann wieder dasselbe Bild der farbigen Steilküste, die jedes Mal, wenn sich eine Wolke vor der Sonne weggeschoben hat, in hellstem und grellstem Sonnenlicht ihre Farbe wechselt. Mit einem Mal ist es alle; wieder niedrige Ufer mit schneeweißem Sandstrand, Streusand könnte es sein, dann kurzes Gestrüpp, dahinter endlos schwarzer Wald, hier und da ganz spärlich unterbrochen von winzig erscheinenden Rodungsflächen mit rechteckiger Planbebauung, anscheinend Plantagen; jedoch sind k e i n e m e n s c h l i c h e n S i e d l u n g e n zu sehen. Nur hier und da verraten Rauchfahnen die mutmaßlichen Siedlungsstellen. Unter starker Vertikalbewegung schieben sich von See her tiefe Wolken vor; wir gehen auf etwa 130 Meter und durch spärliche Wolkenfetzen hindurch erscheint uns die Brandung durch weite Algengebiete ruhiger. Nun gehen wir vorsichtshalber noch höher, wollen wir doch eine große Landzunge überqueren und die auf einmal hellgelb schimmernde Küste backbord liegen lassen. Wenigstens 20–30 Kilometer fliegen wir schon so mit unserem Wasserflugzeug landeinwärts. Von weither schlängelt sich ein breiter Flusslauf heran mit vielen Nebenarmen und kleinen Seen, der sich in einem kilometerbreiten Delta ins Meer ergießt. Das ist der Sao Francisco und 40 Kilometer landeinwärts die Stadt Penedo, wo unsere nächste Zwischenlandung ist. Kapitän Schuster drosselt die Motoren, wieder wiegt sich die Maschine sanft hin und her; die Tropenhitze brodelt die Luft durcheinander und schüttelt uns, jedoch wie wir das kühlere Wasser erreichen, ist's mit einem Male ruhiger. In schneidiger Linkskurve und dann wieder gedrosselt gleiten wir auf den Riesenstrom nieder und machen an der Boje

Maceió

Pénédo

Einheimische
Kinder ...

Flugleitung
bei Ilheós

Belmonte

Der
Zuckerhut

fest. Am Kai fährt eine leibhaftige ehemalige „Bonner Pferdebahn" mit 2 Mauleseln bespannt vorbei. Wieder kommt ein weißer Flugbegleiter im Kahn an Bord, seine beiden interessierten Jungens dürfen mit, als äußere Berechtigung hierzu schleppen sie einen Korb voll Erfrischungen. Ich nehme mir zuerst wieder die dünnschaligen Bananen, die ich meinen Kleinen daheim gönne, die mir aber auch schmecken. Die ersten Biskuits aus der zugelöteten Blechschachtel bekommen wieder die beiden Jungens, die durch meine gestikulierende Erklärung des Führerstandes anscheinend Vertrauen zu mir gefasst haben. Ein Flussdampfer mit einem mächtigen schiffsbreiten Schaufelrad am Heck schaukelt unseren Vogel auf und ab; Eingeborene kommen mit ihren flinken Segelbooten haarscharf an den Tragflächen vorbeigesaust, lachend drehen sie bei, das macht ihnen Spaß.

Diesmal brauchen wir nicht zu tanken, 10.15 Uhr starten wir mit Wind und Strömung und folgen gut 30 Kilometer dem Flusslauf; dann gehen wir über steuerbord wieder auf Südkurs der Küste entlang. Trotz 170 Meter gleichbleibender Höhe fassen uns noch heiße Mittagsböen und unter diesem sanften Wiegen nicken wir alle etwas ein. Die gleichbleibende Natur auf diesem Landstrich lässt uns nichts versäumen, bis wir auf einem der vielen Binnenseen nahe der Küste, bei Ajocouja[4] zwischen großen Segelbooten mit mächtigen schwarzen Segeln niedergehen. Nach sehr kurzem Aufenthalt geht's schon weiter über gelblich weißen Küstensand an der Mündung des Sacco Flusses vorbei. Zwei- oder dreimal kommen wir noch an schlechtem Wetter vorbei, manchmal auf See, manchmal tief landwärts ausweichend, dann liegt auf einer weit vorgestreckten Landzunge das Ziel unserer heutigen Etappe vor uns, B a h i a . Hart über die Ufermasse hinweg gleiten wir aufs Wasser nieder. Am Ufer stehen 3 Mann vom deutschen Club, wo ich abends im großen Saale des Geographischen Instituts der Universität spreche. Ein deutscher Arzt, Hals- und Ohrenspezialist, Dr. Sontos, übernimmt den portugiesischen Teil; die „große Gesellschaft" ist unter den 300 dankbaren Hörern versammelt und auch die Stunden nachher im Club sind sehr schön. Schade, dass

---

4   Anm. Verlag: Hier ist vermutlich Aracaju gemeint.

man so zeitig aufbrechen muss; denn am anderen Morgen geht es schon früh weiter.

Mehrmals werde ich durch klatschenden Regen wach, bis zum endgültigen Aufstehen ist in einem nahen Tingeltangel Tanz und Gesang. Im Gegensatz zum Vortage bin ich zuerst auf dem Posten, wecke alle anderen; wir begleichen unsere Rechnung, draußen stehen zu unserer Verwunderung 3 Autos, alle 3 Chauffeure behaupten, vom Syndikat bestellt zu sein. Das stimmt natürlich nicht, sie haben irgendwoher die Passagierzahl erfahren und sind zur Stelle. Zum Überfluss muss hierzulande bei Kraftdroschken ein Begleitermann mitfahren, sodass die Koffer, da es keine Notsitze gibt, auf die Kotflügel verbarrikadiert oder in einem besonderen Auto nachgefahren werden müssen. Wir schicken ein Auto heim – in der Flugleitung wird noch ein starker Kaffee zu sich genommen, den ein richtiges deutsches Gretchen im Biedermeierkleid aus „Dresden" aufträgt. Viel zu viel Umständlichkeiten bei der Abfertigung, nochmal gewogen, obwohl wir in Recife beim Abflug und gestern bei der Ankunft ebenfalls schon gewogen wurden und dies auf unseren Papieren registriert war. Monteur und Funker sind schon auf der Maschine, 7 kleine Negerlein spielen am Wasser, sie müssen – wie man sagt – immer dabei sein. Gerade als mit uns der Funker in einem Hilfsmotornachen vom Land abstößt, kommt eine zierliche C h i n e s i n und fuchtelt gestikulierend mit den schmalen Ärmchen in der Luft herum. Der gute Funker hat sich allem Anschein nach nicht von ihr verabschiedet, nächste Woche käme er wieder, ruft er ihr auf Französisch zu. Mit Französisch kann man sich überhaupt gut aushelfen, die „höhere Tochter" spricht einige Brocken Französisch, und das genügt für den Hausgebrauch. Das Deutsche gilt als schwer erlernbar. Wozu auch Deutsch lernen? Der Südamerikaner besucht im Allgemeinen nur die Südstaaten Europas, Deutschlands und Englands Klima ist ihm schon zu kalt und zu feucht.

Erst als wir in der Maschine sitzen, mit Rückenwind starten – etwa 200 Meter entfernt von der Konkurrenz, einem zweimotorigen Flugboot der Panair – bemerken wir, dass sich das M e e r sozusagen jede Minute in der F ä r b u n g ä n d e r t. Es ist, als wenn die Sonne wie ein Drehscheinwerfer übers Meer husche.

Wir sausen über ein Schwimmbad hinweg, über bewaldete hügelige Ufer, denen kleinere mit Gestrüpp bewachsene Inseln vorgelagert sind. Ehrfurchtsvoll begrüßen wir eine einsame Bucht, auf deren tiefen Grund unser Kanonenboot S.M.S. „Eber" ruht, vor dessen letzter Flagge wir gestern Abend im deutschen Club noch stille Einkehr hielten. (S.M.S. „Eber" stellte bei Kriegsbeginn den Hilfskreuzer „Kap Trafalgar" in Dienst und rüstete selbst am 31. August 1914 in Bahia ab. Nachdem der Hafenkommandant von Bahia m 26. Oktober 1917 dem Vertreter der deutschen Interessen mitgeteilt hatte, dass die brasilianische Regierung von dem abgemusterten „Eber" Besitz ergreifen würde, wurde das Schiff am 27. Oktober 1917 durch die an Bord befindliche deutsche Bewachungsmannschaft in Brand gesetzt und gleichzeitig durch Öffnen der Seeventile versenkt.) Der Himmel ist halb bedeckt mit himmelhohen und tiefen Wolken, fracto cumulus, Haufenwolken in Auflösung, was man bei uns in so früher Morgenstunde – 6.00 Uhr – nicht beobachten kann. Kaum haben wir die Bucht hinter uns, als ein kurzer Klatschregen nicht weit von uns niedergeht, wir sind einige Kilometer nach der See zu ausgewichen und fliegen über das leicht gekräuselte Meer, das sich immer noch wie ein Chamäleon wechselnd färbt. Dann bricht mal wieder die Sonne zwischen niedrigen Nimbus-Wolken durch und beleuchtet eigenartig die weißen Anzüge und die mit weißen Überzügen versehenen Polstersessel. Bald ist B a r n a , an einer Flussmündung gelegen, erreicht. Wieder weichen wir seewärts niedrigen Wolken, die sich schon von weitem durch schwarze Flecken auf den Wasser anzeigen, aus und entdecken unter uns kleinere Fischerboote. Durch bis auf das Wasser herabhängende Wolken schwindet die Küste aus unserem Blickfeld, wir gleiten kaum 20 Meter hoch über die endlose Fläche in Dunst und Wolken (in der Waschküche sagen die deutschen Flieger), bis auf einmal eine grell-gelb beleuchtete spitze Landzunge mit abgesprengtem Felsvorsprung uns die Küste wiederfinden lässt. Jetzt wird's über See eintönig; da meldet sich der zu kurz gekommene Schlaf wieder, bald schlafen wir alle in der Kabine.

Wir mögen etwa so eine Stunde geflogen sein, als der Funker mich weckt; wir kommen wieder an Land. Zwar gehen noch einige

Regenschauer nieder, wobei einmal der schwere breite Regenbogen mitten ins Meer – greifbar nahe – zu fallen scheint; dann aber
wird es endgültig besser. Durch das Niedrigfliegen im 205 Kilo-
meter-Tempo haben wir an 10 Minuten gespart, voraus erscheint
die Bucht einer Flussmündung, kurz danach huschen wir über die
Stadt Ihléos[5] hinweg. Weit flusseinwärts wassern wir. Der Steuer-
bordmotor heult nochmal auf, die Maschine dreht sich über backbord, dann stoßen wir über Algen und Ufergestrüpp sanft gegen
das Ufer und sehen erst die Flugleitung, einen offenen Schup-
pen, einen Transportwagen zum an Land ziehen der Flugzeuge,
Werkstatt und Bürochen, wo wieder Kaffee in rauen Mengen zur
Verfügung steht. Wir haben viel Zeit eingeholt, da können wir es
uns etwas gemütlich machen. Als wir uns gerade zum Start fertig
machen wollen, sehen wir, dass wir erheblichen Zuwachs bekommen. Eine vornehme schwarze Mutter in Schwarz – das Fliegen ist
hier sehr teuer, es können sich diese bequeme Eilreise nur bessere
Kreise leisten – mit lieblichen Zwillingchen in rosa Spitzenkleidchen, etwa dreijährigen schwarzbraunen Negermädelchen. Ich
nehme ihr das eine Püppchen ab, sie setzt sich links, ich rechts mit
dem kleinen Geschöpfchen auf dem Schoß. In Auswirkung der
bei dem Turmbau zu Babel aufgetretenen, geschichtlich bekannten Meinungsverschiedenheiten kommt eine Unterhaltung nicht
zustande, aber sie bedeutet mir kopfnickend, dass sie zufrieden ist.
Ihr Sprössling schläft schon kurz nach dem Start ein, meiner dagegen sieht immer unverwandt den großen weißen Mann an, ans
Weinen denkt sie jedoch nicht, sie fühlt sich geborgen. Mit Voll-
gas starten wir in dem kaum 50 Meter breiten Fluss – es könnte
die Moselmündung sein, wenn nicht an den Ufern Eingeborenenhütten ständen mit gestikulierenden Schwarzen und vielen, vielen
Kindern. In einer Rechtskurve drehen wir zum Meer zurück.

Die Küste ist flacher geworden. Niedriges Gestrüpp geht bis in
die leichte Brandung hinein und kurz landeinwärts ausgetretene
Waldpfade, die zum Meere oder zu einzelnen Tümpeln führen.
Siedlungen sieht man aber nicht, man könnte meinen, sie hätten sich – kriegsmäßig – gegen Fliegersicht gedeckt. Eine große

---

5   Anm. Verlag: Hier ist vermutlich Ilhéus gemeint.

schwere Stratusschicht in kaum 200 Meter Höhe lässt das Meer grau erscheinen, während der Horizont heiter und sonnig mit zerfranselten Kumuluswolken abschließt. (Hier gibt's sozusagen nur Kumuluswolken) Kaum 20 Meter über den Palmenwäldern fliegend gewahren wir ganz kurz kleine Siedlungen. Dann geht's wieder zur Abkürzung des Fluges 1 bis 2 Kilometer von der Küste weg, über die schwarz-weiß-rot schimmernden K o r a l l e n - r i f f e . Ein Nachbar erzählt mir, dass eine Dame der Gesellschaft vor einigen Tagen plötzlich ihr Korallenhalsband auf der Erde liegen glaubte, danach griff – und eine Korallenschlange, etwa so groß wie unsere Blindschleichen, schreiend fallen ließ.

Noch weiteren Damenzuwachs haben wir bekommen, eine Mulattin, deren Alter wir nicht schätzen können, unsere Ansichten gehen auf 12 bis 18 Jahre auseinander. Ein nicht unübles Gesicht mit frohlachenden Augen und breiter, abgeplatteter Nase; die stark behaarten Beinchen stecken in beigen Halbstrümpfen, die durch ein weißes abschließendes Gummiband gehalten werden, billiger Hals- und Armschmuck aus grünem Glas, ein weißes Handtäschchen, dem sie dauernd einen kleinen Spiegel entnimmt und sich mustert. Auch hier kommt keine Unterhaltung zustande. Sie zeigt mir aber die Fotografie einer rassigen Schwarzen mit einer Widmung auf der Rückseite, ob es aber ihre Lieblingsfreundin, ihre Nebenfrau oder ein Kinostar ist, ist mir schleierhaft. Kurz ehe wir landen, macht man uns auf w i l d e r n d e P f e r d e aufmerksam, dann sind wir in B e l m o n t e .

Zahlreiche Eingeborene kommen mit ihren Kanoes, hochgezogenen Flachkähnen heran; auf einem ist mittschiffs ein schwarzes Verdeck, davor auf einer Holzbank qualmt es unter zwei Kesseln, dahinter sitzen einige dicke Frauen und rauchen aus irdenen Pfeifen. – Das Seil der Boje reißt; daher gehen wir doch noch aufs Land, was nicht so einfach ist, da die Schwarzen auf Kommandos stets entgegengesetzt ziehen als wollten sie unser Flugzeug auseinanderreißen. Unser Monteur muss ins Wasser springen und das Landungsmanöver leiten, wobei er höllisch auf böse Fische usw. achtgibt. Unsere 4 Damen gehen von Bord; in einem Kahn werden sie abgeholt und verschwinden bald, im Kahn stehend und winkend, hinter hohen, im Wasser überhängenden Bäumen. Rasch sind die Formalitäten diesmal erledigt. In eleganter Rechtskurve über einem Boot mit blauem Segel geht's weiter; die Zeit wird doch lang, nun kommen wir an den eigentlichen Ort B e l m o n t e , eine moderne Stadt, könnte man schon sagen; denn ich traue meinen Augen nicht, als ich ein formgerechtes Stadion sehe. Die Küste präsentiert sich jetzt anders; ein Strich von mindestens 5 Kilometer ist baumfrei; nur Kuscheln und niedriges Gras, trockenes Sandland, über das wir jetzt in 300 Meter Höhe fliegen. Aus Sicherheitsgründen gehen wir so hoch, um bei einer etwaigen Notlandung jenseits der Korallenriffe wassern zu können.

Nun wird's eintönig, da kann ich mich mit mir selbst befassen. Nach 4 Wochen Junggesellenzeit beginnt mein „äußeres Ich" schmuddelig zu werden, die Sohlen ziehen Luft von unten, alle Knöpfe baumeln in der Gegend herum, mein weißer Anzug geht schon zur neuen Farbe „dunkelweiß" über, diesen Abend noch muss ihn irgendeine Schwarze in ihre Waschhütte stecken. Achtern meines Steuerbordohres macht sich eine Drüsenschwellung bemerkbar, wenn ich in den Ledersessel mich hinflegle. Da bringt mir der Funker ein Kopfkissen mit Renntierhaaren gefüllt, das gleichzeitig auseinandergefaltet als Schwimmweste zum Rettungsdienst bestimmt ist, eine ungemein zweckmäßige Einrichtung. Überhaupt sind alle Condor-Junkers-Flugzeuge mit allen erdenklichen Sicherheitsmaßnahmen ausgerüstet. Alle Viertelstunde gibt der Funker seine Position an, ein selbstauslösbares Floß mit Rudern und Decken sowie sorgfältig ausgewähltem Notproviant bieten Gewähr für gefahrenlose Passage der menschenarmen Einöden, des Meeres und der Urwälder.

Wieder weicht unser Kapitän geschickt niedrigen Kumuluswolken aus und geht höher, der Höhenmesser geht zwar auf 1.100 Meter, aber ein Vergleich mit dem vorderen Bordinstrument bestätigt, dass er maßlos übertreibt, ich schraube ihn wieder in seine Schranken zurück. Und doch klettern wir immer höher; ich weiß noch nicht so recht weshalb, dann aber wird klar: Wir fliegen tief landeinwärts, wohl an 30–40 Kilometer von der Küste entfernt, schneiden einen riesigen Landvorsprung ab und landen 40 Kilometer von der brandigen Küste, nachdem wir noch den

Landflughafen der Aeropostal, der französischen Postkonkurrenz, überflogen haben, auf dem F r a n z i s c o   b e i   C a r a v e l a s, wo uns nur eine einfache Boje zur Verfügung steht, während die schwerreiche amerikanische Panair ein feines Bootshäuschen ihr Eigen nennen kann.

Unser Landeplatz ist ein rotgestrichenes Benzinfass mit überzogenen alten Autoreifen. Hier machen wir fest. Es ist 10.15 Uhr, wir haben schon 750 Kilometer zurückgelegt, also ein weiteres Frühstück verdient. Es gibt reichlich Milch, schmackhaften Tee, Kaffeeteilchen und Käsestückchen – wieder mit eingespickten Zahnstochern zum Anfassen – Orangen und herrliche Bananen, die hier wohl pro Stück 1 Pfg. kosten. Viele Schwarze sehen unserem Start 10.45 Uhr zu. Wir haben Post abgegeben und in Empfang genommen; denn von hier aus geht eine Bahn nach dem Inneren des Landes.

Als unser Flugkapitän in einer schneidigen Kurve auf Kurs zur Küste geht, gibt's einen Knall. Wir wissen zuerst nicht, was los ist; dann sieht man den Führer durchs Fensterchen auflachen, die T h e r m o s f l a s c h e   i s t   u m g e f a l l e n   u n d   e x p l o -
d i e r t. Steuerbord tritt nun immer mehr das riesige Hochplateau Brasiliens in Erscheinung, Hunderte von Einzelbergen, die immer näher und näher an uns herantreten, schließlich unter uns sind und backbord zwischen riesigen Landzungen und abgesprengten einzelnen Felsinseln sich ins Meer ergießen. Kein einziges Haus und kein Lebewesen. Schwere Böen erfassen uns hoch über den Gebirgskämmen und als wir einmal einige Felspartien unter Gipfelhöhe passieren, bekommen wir mit unserer schweren Maschine Aufwind wie in einem leichten Segelflugzeug. Wenn hier eine unserer Segelkanonen hinkäme, – ich denke an G r o e n h o f f, der, wie ich erst bei der Landung höre, so schwerkrank darniederliegt – der könnte sich hier tagelang in der Luft halten, solange er eben körperlich die Sache aushielte, bei doppelter Besatzung, solange die Lebensmittel reichen würden.

Von weitem sehen wir einen Fluss in mehreren Armen sich ins Meer ergießen; dann kommen wir hinter hohen Bergen her und vor uns liegt eine saubere moderne Großstadt mit mehreren weißen Brücken, auf denen sich reger Verkehr abspielt. 12.30 Uhr landen wir in V i c t o r i o [6]. – Kurz nach 1.00 Uhr starten wir zur letzten Etappe, noch 500 Kilometer, also so ein Sprung von Hangelar nach Berlin. Die Passagiere haben wieder mal gewechselt, es ist aber nichts Weltbewegendes darunter. Wir sind ehrlich müde von all dem Sehen. Das Land wird allmählich kultivierter, regelmäßige Planwirtschaft, dann – landeinwärts fliegend – eine Unmenge Binnenseen, wohl 50 an der Zahl in der Größe vom Laacher See bis Bodensee, dazwischen Wälder, aus denen hier und da schwere Rauchwolken, von Bränden herrührend, aufsteigen. Draußen ist es vollends hell geworden, wolkenlos, in der Kabine ist's mit 30 Grad ziemlich mollig. Die Sonne glitzert und spiegelt sich in dem vielen Wasser, bei einzelnen Seen kann man Salzgewinnungsanlagen und Windräder feststellen. Auf saftigen Wiesen sieht man vereinzelt Vieh und dann aber auf einer Stelle zusammengetrieben oder aber vor unserem Geräusch zusammengeflüchtet und dicht gedrängt eine riesige Herde. Das Gebirge wird immer schöner und romantischer. Dutzende von Inselbergen wachsen aus dem Meer heraus, eine riesige Landzunge, das Cabo Frio und dann – 40 Kilometer voraus – die ersten Anzeichen von R i o . Aber das ist der falsche Zuckerhut, den wir da zuerst passieren. Kaum sind wir an ihm vorbei, dann sehen wir, von einem leichten Dunstschleier umkringelt, den C o r c o v a d o , den bekannten stumpfen Berg mit der riesigen 40 m hohen C h r i s t u s f i g u r . Ein eigenartiges Gefühl umschleicht uns. Keiner spricht ein Wort. Das Bild verschwindet, gerade haben wir am Eingang einer der vielen Buchten eine Festung mit weit auslagernden Schiffsgeschützen gesehen, als der wirkliche Zuckerhut, das oft gesehene Bild, vor uns liegt. Der Flugkapitän will seinen Zeppelinpassagieren etwas Besonderes bieten; bei uns soll es auf keine Flugminute ankommen. In halber Höhe umkreisen wir den altbekannten Zuckerhut, zu dessen Spitze über einen um die Hälfte tieferen Bergrücken eine Drahtseilbahn hinaufführt. Nun kommt wieder der Corcovado mit der Christusfigur in unser Blickfeld, eine scharfe Kurve links und die ersten Wolkenkratzer, Pressegebäude liegen unter uns, ein riesenhaftes amphitheaterähnlich gebautes Stadion, wie das Kolosseum

---

6   Anm. Verlag: Hier ist vermutlich Vitória gemeint.

der heiligen Stadt, all die vielen Buchten fliegen wir ab, insbesondere die Copacabana, den schönsten kilometerlangen Strand, wo wir wohnen werden.

Noch nie im meinem Leben hat mir im rechten Augenblick die Sprache gefehlt, aber beim Anblick dieser für die schönste der Welt geltenden Stadt sind mir die Worte im Mund stecken geblieben. Na, vielleicht finde ich sie in den nächsten Tagen wieder!

Wir haben gestern und heute fast 2.500 Kilometer abgeflogen, also eine Strecke von Bonn oder besser von meinem lieben Flughafen Hangelar bis zum Stambuler[7] Flughafen, am Goldenen Horn, Konstantinopel. Wir sind voll des Landes über das Condor-Syndikat, seine deutsche Leitung und seine deutschen Flugkapitäne. 21.000 Kilometer Zubringerdienst fliegen sie bei jeder planmäßigen Zeppelinfahrt!

Abends folge ich einer Einladung zum ältesten deutschen Club in Südamerika, der Gesellschaft „Germania", einer feudalen Gesellschaft in einem prachtvollen Heim. Ein schlecht funktionierender Radioapparat versucht vergeblich, die Deutsche Welle zu erreichen; aber die Zahlen, die wir erhalten, lassen schon über den Wahlausgang in Deutschland keinen Zweifel mehr aufkommen. Nach dem Abendessen um 7.00 Uhr – jetzt ist es in Deutschland etwa 10.00 bis 11.00 Uhr – muss das Endergebnis herauskommen. Wir begeben uns nach oben, an einem prachtvollen Haydn-Saal vorbei, dann im Fahrstuhl auf die Dachterrasse, so ungefähr 10 Stockwerke hoch, wo ein frisch wehender Wind endlich für Abkühlung sorgt. Es ist schon längst – seit 6.00 Uhr – dunkel; in bequemen Polstersesseln zwischen tropischen Pflanzen trinken wir unsere Shopps, tanzen mit guten deutschen Frauen und unterhalten uns mit interessanten Herren, leitenden Leuten aus Handel, Industrie und Schifffahrt. Gerade sind wir zur Bowle übergegangen, als ein ausgesprochener Aristokrat, Direktor einer der hiesigen Großbanken, inmitten der Gesellschaft tritt, während sich alle von den Sitzen erheben:

„Meine Damen und Herren! Die bisher uns übermittelten Nachrichten lassen keinen Zweifel mehr darüber aufkommen, dass sich das deutsche Volk in seiner Mehrheit wieder für Generalfeld-

---

7   Anm. Verlag: So wurde früher Istanbul auch genannt.

marshall von Hindenburg als Reichspräsidenten entschieden hat. Uns als Auslandsdeutsche berührt diese Wahl politisch nicht, aber in unwandelbarer Treue und Ehrfurcht vor diesem Helden neigen wir unser Haupt … Unser Reichspräsident von Hindenburg … Hurra, hurra, hurra!!"

Feierliche Stille, alles steht stumm mit geneigtem Haupt, denkt an die Lieben daheim, an sein Vaterland, an seine engere Heimat, an all das Elend und man sieht zusammengebissene Lippen und perlende, unterdrückte Tränen. In diesem Augenblick beginnt die Beleuchtung des Corcovado, grellweiß erstrahlt die Christusfigur auf dem etwa 700 Meter hohen Berge, gleichzeitig schiebt sich von See her eine flache Kumuluswolke um den Gipfel rundherum und nun wandelt Christus im Lichterglanze auf den Wolkenbänken, – so muss die Himmelfahrt ausgesehen haben – die ausgebreiteten Arme offen gegen Europa, gegen Deutschland, als wolle er das graue Elend mit hinaufnehmen. „Rette Deutschland, rette uns in unserer Not" – so sangen sie daheim, während wir draußen kämpften. In diesem Moment hat manch einer, der das Beten schon verlernt hatte, krampfhaft die Hände gefaltet; wir haben es uns nachher gestanden. –

In der schönsten Stadt der Welt. Rio de Janeiro

ist die s c h ö n s t e S t a d t d e r W e l t, so sagt man; ich kann
es nicht beweisen, aber dass es die schönste Stadt ist, die ich je
gesehen, das steht fest. Die einen Weltenbummler haben, in einer
neuen Stadt angekommen, direkt die besten Bierlokale oder die
geeignetsten Kegelbahnen herausgetiftelt, m e i n e „Städtekennt-
nisse" beziehen sich meist auf die Beurteilung aus der „Vogelper-
spektive" – wie man früher so schön sagte. So bin ich z.B. schon
fünfmal über München und siebenmal über Heidelberg gewesen
und noch niemals – ich muss es zu meiner Schande gestehen –
mittendrin. Niemals kaufe ich mir in einer fremden Stadt vor-
eilig einen Führer, frei von allen Anweisungen der örtlichen Ver-
kehrswerbung will ich mir vorerst ein eigenes unverfälschtes Bild
machen, mir viel von allerhand möglichen Seiten – vom Schaffner
bis zum Hoteldirektor – erzählen lassen, das gibt ein besseres Bild
als die über einen Kamm geschorenen an sich natürlich nicht ver-
meidbaren Werbeschriften.

Rio de Janeiro, die Millionenstadt, liegt zerstreut auf einer
großen Anzahl Buchten, hier Industrieviertel, da City, auf der
anderen Seite Wohnviertel und nach der offenen Seeseite zu der
Badestrand, die riesigen Hotels und vornehmen Pensionen, die
Wochenendvillen. Ausgerechnet hierhin bringt mich Flugkapitän
Schuster in seinem kleinen Sportwagen, durch breite gut gepflegte
Straßen mit vielen Anlagen, das Tiergartenviertel in Berlin oder
die Pariser Boulevards könnten hier Pate gestanden haben. Am
Ufer vorbei oder durch lange Tunnels schlängeln wir uns durch
die einzelnen Stadtteile bis zur Copacabana, zum Hotel Belve-
der, das von einem deutschen Ehepaar geführt wird. Es hat mehr
pensionsmäßigen Charakter; an einen Berg angelehnt sind in dem
ersten Bau die Wohnräume, in dem oberen Gebäude ist der Res-
taurationsbetrieb. Ein kleiner Schrägaufzug in Zahnradbahnaus-

führung bringt uns von der Straße herauf und so sitzen wir dann auf der breiten Veranda, vor uns eine riesige Bucht, die rechts von einem Fort mit weitauslagernden Geschützen abgeschlossen wird, voraus die offene See, links die Einfahrt in den Industriehafen mit kleinen vorgelagerten Inselbergen, der allbekannte Zuckerhut und links der Corcovado mit der Christusfigur, alles trutzige Felsen, die teils schroff in das Meer herabfallen. Laut schlägt unaufhörlich die schwere Brandung gegen das Ufer, ich freue mich schon auf das erste Bad in der offenen See.

Am anderen Morgen wird es schon recht früh lebhaft im Hotel, die Brasilianer sind Frühaufsteher, dafür ruht aber auch alles in der Mittagszeit. Nach einer Dusche schlüpft man in den Badeanzug, nimm sich die neueste unter die Tür geschobene Ausgabe der „Deutschen Zeitung" Sao Paulo, der seit 35 Jahren bestehenden größten deutschen Zeitung Südamerikas unter den Arm und begibt sich in 2 Minuten an den Strand der kilometerlangen Bucht. Hier bekommen wir Wind und Brandung aus erster Hand; zum ersten Male schlucke ich in den meterhohen Wellen Salzwasser, der schwarze Wärter mit dem roten Kreuz vorne auf der schmalen weißen Badehose ruft mich zurück, als ich über das draußen liegende Boot hinaus will. Einige Pensionärinnen sind mit dabei, braune Mischlinge, sie huschen sofort vom Wasser unter die Zeltdächer, denn sie möchten „weiß", d.h. hell bleiben. Die jungen Mütter kommen vielfach im bunten, meist hellgelben Badeanzug am Steuer ihres Autos sitzend an den Strand; ihre Buben und Mädelchen sind reizend angezogen, rosa Spitzenkleidchen scheinen am beliebtesten zu sein. Sofort geht's ins Wasser, während ältere dicke Negerfrauen sich im Sande bei den Kinderchen niederlassen. Die jüngeren Kindermädchen oder die Girentinnen (Hauswirtschaftlerinnen oder Haustöchter) sind dagegen meist schlanke Negerinnen, d.h. hier muss man sagen Eingeborene, meist dunkelbraune Körper in dezenten dunkelroten Badeanzügen. Wenn diese jungen Dinger auflachen – und sie lachen fast nur – scheint das starke Gebiss weit vorzutreten. In großen Sprüngen eilen sie in die Brandung und holen feinkörnigen Sand für ihre Schutzbefohlenen. Sind die versorgt, dann trifft sich alles, Sportgestalten und dicke Generaldirektoren, Männer und Frauen

in allen Körperfarben zum gemeinsamen Strandspiel; man buddelt sich ein, veranstaltet Wettlaufen, laufend pfeift der Schlagball durch die Luft in das Wasser, eine tolle Hetze hin und her. Ein Wurfspiel ist besonders beliebt: eine Art Strickpilz aus Lederpolster, mit Indianerfedern gespickt, der von Faust zu Faust geschlagen wird.

Jetzt aber husch, husch unter die Zeltplane oder die großen bunten Schirme: man bringt sich gegenseitig in der Landessprache die Zahlen von 1 bis 10 bei, tauscht Fotos aus, muss vom Zeppelin erzählen, sieht geschickten Künstlern zu, die im Sand ganze Denkmalsgruppen erstehen lassen. Und dazu unaufhörlich der Ansturm der schweren See, meterhohe Wellen, die sich wie flüssiges Kristall heranwälzen und dann in Tausenden von Perlen auseinanderfallen, mit schwerem Schlag und Krach, schon folgt die nächste; dazwischen brüllen schwarze Verkäufer, die mit Schellen und Klappern Eis oder Früchte anbieten.

Es ist Zeit; bald öffnen sich die Büros, dann muss die Arbeit beginnen. So wie man ist, geht man über die stark belebte Uferstraße, ist froh, dass man zwischen all' den Autos durchkommt, ins Hotel, eine kurze Dusche, noch 10 Minuten Ruhe, dann langsames Anziehen, um nur ja nicht ans Schwitzen zu kommen. Zwischendurch wird das Frühstück gebracht, vor dem Kaffee natürlich einige saftige Orangen. Bei den riesigen Entfernungen der einzelnen Stadtteile benutzt man meistens den Autobus, schnelle, leicht gebaute Zweiachser, Einmannwagen. Die Türe befindet sich vorne beim Führer. In toller Fahrt und trotzdem ohne besondere Unannehmlichkeiten geht's in den gut gefederten Wagen ins Stadtinnere; will man aussteigen, so drückt man auf einen der vielen Klingelknöpfe und wunschgemäß hält der Wagen an der nächsten Straßenecke. Die Einrichtung von Haltestellen weiter draußen wäre bei den gewaltigen Entfernungen direkt unmöglich, es wird eben je nach dem Verkehrsbedürfnis gehalten! Und nun sind wir mitten im Verkehrsleben drin, die A v e n i d a , von der die elektrischen Bahnen verdrängt sind, aber von umso mehr Autos und Autobussen in guter Disziplin befahren wird. Hier gibt es viele große Kaffeehäuser, teils mit Rohrmöbeln auf den breiten Trottoirs.

Man trinkt seine Tasse Kaffee, d.h. ein kleines Mokkatässchen für 200 Reis (ca. 5 Pfennig). Trinkgelder gibt es hier nicht –, es soll Leute geben, die t ä g l i c h   i h r e   30   bis   40   T a s s e n   t r i n k e n . Ich habe es mir vormittags auch angewöhnt, aber nachmittags gegen 6.00 Uhr, dann ist ein Glas Bier fällig, nicht aus Hopfen und Malz, sondern Reisbier. Während ich so mein Reisbier schlürfe, tönt flotte Marschmusik an mein Ohr und ich traue meinen Gehörgängen nicht. „Ich bin ein Preuße, kennt ihr meine Farben". Ich zahle rasch (will man Trinkgeld geben, so lässt man stillschweigend einen kleinen Betrag auf dem Tisch liegen) und laufe zur nächsten Ecke: Da kommt sie anmarschiert, eine Kompagnie Federaltruppen, in braunen Shakianzügen, leichtem Gepäck, schwarze und braune Gestalten und davor – das kann nur ein ehemaliger deutscher Offizier sein (und man bestätigt es mir im Club) – und ebenso stramm wie er selbst sind alle seine Soldaten, das ist stadtbekannt, die Preußenkompagnie, so nennt sie der Volksmund! Ihr Kompagnieführer ist ein in Brasilien gebo-rener Diplomatensohn, der deutscher Offizier wurde, nach dem Kriege den Abschied nahm und nun treu und bieder seinen lieb-gewordenen Beruf in seiner zweiten Heimat versieht. Auch hier sieht man vielfach Offiziere, die ihre kleinen Kinderchen auf dem Arm tragen, während die stolzen Mütter und die noch selbstbe-wusster scheinenden dienstbaren Geister nebenher schreiten, wie einem dies auch noch aus der Besatzungszeit her erinnerlich ist. Man mag darüber denken, wie man will, jedenfalls sieht es sehr familiär aus, wenn auch mal der Papa das Kindchen trägt, – und doch könnte man sich keinen preußischen Gardeoffizier unter den Linden in Berlin so vorstellen.

Im Übrigen hörte ich im Zusammenhang hiermit allerhand n i e d l i c h e   G e s c h i c h t e n   vom brasilianischen Militär: Hat so ein braver Soldat zu kleine Schuhe, so schneidet er eben eine Ecke für das Hühnerauge heraus! Einer will einen Soldaten auf Wache mit einem langen Stiefel und einem Pantoffel gesehen haben, der Brave hatte einen kranken Fuß! – Dass übrigens viele Deutsche wahre Pionierdienste hier draußen verrichten, findet man vielfach. So lernte ich in der deutschen Gesellschaft „Pro arte", die die Propagierung der deutschen Kunst sich zur Pflicht

gemacht hat, einen pensionierten deutschen Oberst mit dem Bour
le merite kennen – übrigens Vorsitzender des Deutschen Offiziers-
bundes, Ortsgruppe Rio de Janeiro – der wöchentlich 6 Doppel-
stunden Deutsch an brasilianische Kaufleute und Ladenmädchen
kostenlos gab. An hervorragender Stelle steht auch die unter Ober-
studiendirektor Dr. Künzig stehende deutsche Schule mit 600 bis
700 Schülerinnen und Schülern, wo ich übrigens auch einen Vortrag hielt.

Wolkenkratzer und große Handelshäuser, interessante Schau-
fenster und schöne Frauen, das sieht man im Stadtinneren, überall
eine deftige Eleganz; nur die Negermädchen tragen billige Stoffe
und die Zeitungsjungen sind wie überall so auch hier ziemlich zer-
lumpt. Und doch sieht man in Rio nicht das graue Elend wie in
Recife – Verlässt man nur etwas das Hauptgeschäftsviertel, dann
überwiegen die G r ü n a n l a g e n ; auf den Grasflächen wandelt man wie auf Samt oder dickem Perserteppich, ich probiere
es ruhig aus, als ich hier und da einige Zeitungsjungen – bis zur
nächsten Ausgabe – unter Palmen schlafend liegen sehe. Viele
Denkmäler, sogar eine Nachahmung des bekannten Brüsseler
Manneken-Pis. Weiher und Fontänen und mindestens alle zehn
Schritte Kugel-Stehlaternen, in manchen Parks zu Tausenden. Die
weißen Steinbänke werden die ganze Nacht über nicht leer. Stun-
denlange Geschäftsverhandlungen, Diktate usw. werden nachts in
der wohltuenden Abkühlung erledigt, dafür kann man die zermür-
bende Tageshitze im abgedunkelten Zimmer verschlafen, in den
niedrigen Betten, die kaum 20 Zentimeter über dem Zimmerbo-
den sind. – Tagsüber habe ich viel zu tun und als das Wochenende
naht, da merke ich ein bedeutendes Nachlassen meiner Kräfte;
ich habe zu viel gewühlt, Magenverstimmung, Schläfendruck
usw. – Und dabei hat unsere Pension Hausball angesetzt! Ich lasse
mich entschuldigen, nehme ein Reise-Pyramidon und lege mich
zu Bett. Doch nach 2 Stunden wache ich so erfrischt auf, dass ich
noch um 11.00 Uhr auf der Terrasse erscheinen kann. Ich lerne
M i s t e r   B r o o d kennen, einen englischen Sportflieger, der
in den Europa-Rundflügen immer unter den Allerersten – hinter
der deutschen Spitzengruppe – liegt. Er hat in diesen Tagen eine
Sendung „Motten" an die brasilianische Marine abgeliefert. Beim

Fischen im Wasser stehend hat sich ein geangelter Fisch mit dem Angelhaken in seinen Oberschenkel festgebissen, binnen weniger Minuten war eine schwere Blutvergiftung da, er musste operiert werden und kann nun noch schlecht gehen. Wronsky Jr. und ich tragen ihn auf sein Zimmer. Anderen Tages schicke ich ihm eine Buntpostkarte vom Hangelarer Flugplatz mit einem Willkommen-Gruß zum Europa-Rundflug 1932.

Ich werde „von Tisch zu Tisch gereicht" und muss eifrig erzählen; ich tanze nicht, ich weiß nicht, wo ich anfangen soll. Wieder komme ich an einen anderen Tisch, eine große junge Frau, die gerade von ihrer ebenso großen Tochter – sie könnten gleichaltrige Schwestern sein – auf Französisch ihren Fächer bittet, sieht mich mit größer werdenden Augen an, holt tief Atem und platzt heraus „Sie müssen aus meiner Heimat sein, ich bin von – – E u s - k i r c h e n ! Rasch holt sie ihren Mann von der Bar weg und stellt mich vor. Sie ist die Tochter eines Arztes, schon seit 10 Jahren in Brasilien. Vor 3 Jahren noch war sie in der Heimat zu Besuch. Sie erzählt vom „Hähnchen", Dreesen in Plittersdorf und Bellinghausen in Königswinter, wir haben viele gemeinsame Bekannte. Unserer Wiedersehensfreude schließt sich ein Wiener Schriftsteller, der Schmidt-Bonn und Rudolf Herzog kennt, an und bestellt eine riesige Rheinweinbowle. Noch lange unterhalten wir uns; es geht uns ja gut – klingt's immer durch – aber gar keine geistige Abwechslung, kaum Theater und Konzert, höchstens mal Kino.

Über meine Werbetätigkeit zu schreiben, ist hier nicht der Platz; wir glauben, gut gearbeitet zu haben. Ein großer Tag war zweifelsohne mein 150. Luftfahrtwerbevortrag in dem ältesten deutschen Club Südamerikas, der vornehmen Gesellschaft Germania. Während ich spreche, flammt plötzlich Blitzlicht auf und zu Ende des Vortrages zeigen mir die Zeitungsreporter bereits die entwickelte Aufnahme. Anderen Tags sehe ich mich in den Zeitungskritiken am Rednerpult stehen. – Echt Amerika! – Übrigens legte ich auf diesen 150 Vortragsstreifen zu Wasser, zu Lande und in der Luft genau 42.349 Kilometer zurück, also einmal rund um die Erde, vielleicht ein „Weltrekord". –

Mit einem unersetzlichen Verlust schließt mein Aufenthalt in Rio; mein wertvolles Zigarrenetui mit den eingravierten Unter-

schriften von Dr. Eckener, Lehmann, Flemming, von Schiller, Hauptmann Köhl, Freiherr von Hünefeld, Uder, Fieseler, Thea Rasche, von Gronau, Marcel Doret usw. kommt mir auf unerklärliche Weise aus meinem Hotelzimmer abhanden. Letzthin bot mir noch ein Amerikaner 3.000 Mark! Ich setze eine Belohnung aus, aber ich werde es wohl nie wiederbekommen.

Der Rückflug nach Recife

vollzog sich in planmäßiger Folge. Schon kurz nach 4.00 Uhr werde ich geweckt, der Nachtportier kochte Kaffee, draußen steht schon die Taxe; 35 Millreis, also ca. 11.50 RM. hat der Tagportier ausgemacht, es kommt mir ungeheuerlich viel vor. Menschenleer sind noch die Straßen, die wir bis draußen zum Wasserflughafen des Condor-Syndikats durchfahren. Meine besondere Freundschaft mit den hiesigen Chauffeuren hat darauf bestanden, dass die Uhr trotz des vereinbarten Preises gesetzt wird, die 19 Millreis anzeigt. Als ich in meiner Gutmütigkeit 25 Millreis zahlen will, verweigert er die Annahme des Geldes, tobt und schimpft. Ich gehe nur aufs Telefon zu und sage etwas von Polizei, da hält er die Hand hin und ist froh, dass er sich mit meinem Angebot zufrieden geben und lautlos verschwinden kann.

Punkt 6.00 Uhr starten wir aus der Bucht, ein letzter Blick noch auf Rio, seine herrlichen Berge und Buchten, imposanten Gebäude und Strandvillen, dann geht's auf Nordkurs. Flugkapitän Mertens ist der Führer unserer „Tiêtê"[8] (das ist der Fluss, an dem St. Paulo[9] liegt), eine Junkers W34 mit 500 PS. Hornet-Motor, derselbe Flugzeugtyp, mit dem Köhl, von Hünefeld und Fitzmaurice den Ozean überquerten. Als reine Postmaschine konstruiert, ist natürlich die Unterbringung von mehreren Gelegenheitspassagieren auf längere Strecken weniger komfortabel, die Sitze sind niedrig und man kann die Beine nicht ausstrecken; aber da wir (der Syndikus des Syndikats, Dr. Seligmann, ein früherer Staatsanwalt aus Hannover, der vor 10 Jahren auf einer Vergnügungsreise in Rio von der Inflation überrascht wurde, dort blieb und sich als Anwalt niederließ) als Gäste der Gesellschaft fliegen, so sind wir hiermit

8   Anm. Verlag: Hier ist wahrscheinlich der Rio Tietê gemeint.

9   Anm. Verlag: Hier ist wahrscheinlich São Paulo gemeint.

vollauf zufrieden. Nach 3 Stunden erreichen wir Victoria[10]. Nach kaum viertelstündigem Aufenthalt an der Boje, wo im Eiltempo getankt wird, geht's weiter nach Caravelas, nach 8 Minuten weiter nach Belmonte. Die nächste Etappe ist Ihléos und kurz vor 4.00 Uhr sind wir in Bahia. Mit 9 Flugstunden in der kleinen Maschine ist genug des grausamen Spiels für heute; wir sind aber voller Bewunderung über die Besatzung, Flugkapitän Mertens, seinen Mechaniker und den brasilianischen Funker. Einer Besatzung des Condor-Syndikats obliegt nicht nur die Führung der Maschine, auch das Tanken unterwegs, die Postabfertigung, die Flugleitungs-geschäfte, alles müssen diese Pioniere selbst machen. – Wir sind ehrlich müde, viel Neues haben wir unterwegs nicht gesehen, sind auch durchweg höher geflogen als beim Hinflug. In einem Hotel mit deutschem Namen kommen wir für gutes Geld schlecht unter, schade, dass wir nicht – wie beim Hinflug – die bewährte deut-sche Pension Jensen aufgesucht haben. – Anderen morgens muss das Flugzeug auf telegraphische Anweisung der Flugleitung in Rio noch einen Sonderflug einschieben. Da sind 4 Passagiere, die nach einem circa 300 Kilometer entfernt liegenden Örtchen wollen, an einem Fluss gelegen, auf dem noch nie ein Flugzeug landete; nur vom Hörensagen soll man dort niedergehen können. 4 Passagiere sollen auch wieder zurückgebracht werden. Schon kurz nach 5.00 Uhr ist Mertens gestartet und als wir gegen 9.00 Uhr herauskom-men, dauerte nicht lange, da kommt der Silbervogel schon zurück; er hat bereits 600 Kilometer hinter sich!

So starten wir erst um 10.05 Uhr, Aracaju und Penedo kennen wir ja schon, hier haben wir einige Schwierigkeiten mit der Boje; dann kommen wir nach Maccio[11] und kurz vor 4.00 Uhr sehen wir den Ankermast des Luftschiff-Landeplatzes und gehen wenige Minuten später über das brasilianische Venedig, wie man auch Recife wegen der vielen Häuserbauten im Sumpfgebiet nennt, nieder. An diesen beiden Tagen haben wir 13 1/2 Flugstunden absolviert.

Nun kann der gute „Graf Zeppelin" kommen!

---

10 Anm. Verlag: Hier ist wahrscheinlich Vitória gemeint.

11 Anm. Verlag: Hier ist vermutlich Maceió gemeint.

Dritte Südamerikafahrt 1932

(Rückfahrt)

Auf der Agentur der Firma Stolz u. Co., eines der ältesten Bremer Handelshäuser Brasiliens, das sowohl die Schiffspassagen als auch die Buchungen des Luftschiffbau Zeppelin und des Condor-Syndikats vornimmt, merkt man an dem hastigen Treiben den bevorstehenden „Zeppelintag". Es sieht recht günstig aus; viele zahlende Passagiere sind gemeldet, hoffentlich komme ich mit. Der Urlaub ist zu Ende, das Geld ist alle und schließlich auch das vorgenommene Arbeitsgebiet erledigt. Jetzt noch bis zum nächsten Schiff warten, das wäre unangenehm.

Pünktlich erscheint „Graf Zeppelin" über dem Ankermast, was von den Brasilianern umso mehr bestaunt wird, da man hierzulande wenig Pünktlichkeit kennt. Direkt beim ersten Anfahren fallen in mehreren Fallschirmen die schweren Postsäcke herunter, sie werden in ein bereitstehendes Auto verladen und während „Graf Zeppelin" nochmals auf See hinausfährt zum Abwiegen, geht drinnen schon die Stempelmaschine, geht schon ein Teil zum Wasserflughafen Pina, von wo aus Flugkapitän Mertens mit einem im Luftschiff angekommenen Ehepaar abends um 8.00 Uhr – ohne Nachtbeleuchtung der Strecke außerhalb der Küstenfeuer – nach Bahia und Rio fliegt, die ganze Nacht hindurch. Und die nächste Nacht geht's auch schon wieder ohne Maschinen und Besatzungswechsel durch, anderen mittags ist die Europapost in Buenos Aires, 4.500 Kilometer von Recife, in 5 Tagen von Berlin zum südlichsten Amerika. Eine ganz fabelhafte Leistung!

Kaum eine Viertelstunde ist „Graf Zeppelin" am Ankermast, da rauscht es schon in den Gasröhren, das Schiff wird nachgefüllt. In unterirdischen Leitungen wird Trag- und Triebgas, Wasser und Betriebstoff durch den Ankermast und die Schiffsspitze ins Innere des Riesenleibes geleitet. – Anderen Tages kommt Befehl

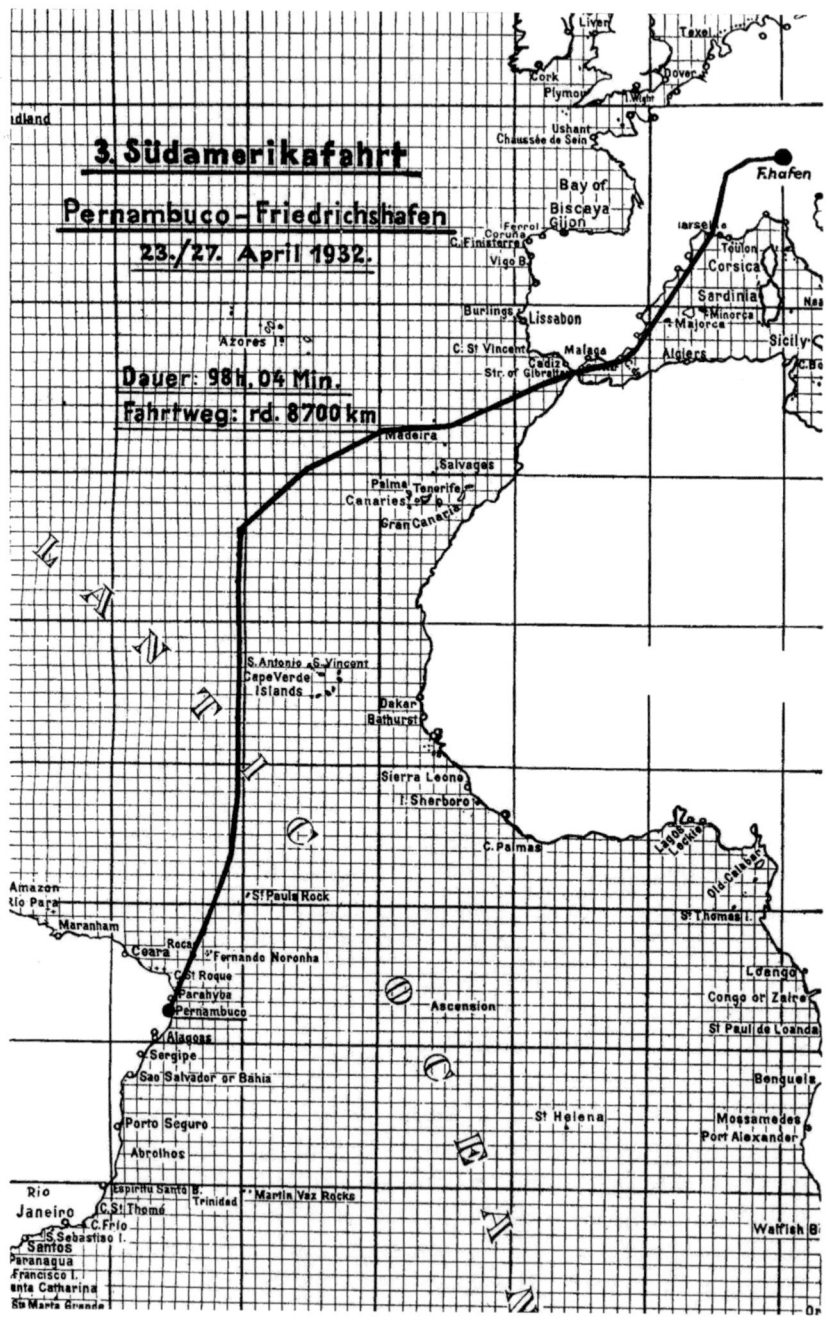

3. Südamerikafahrt

Pernambuco–Friedrichshafen
23./27. April 1932.

Dauer: 98 h. 04 Min.
Fahrtweg: rd. 8700 km

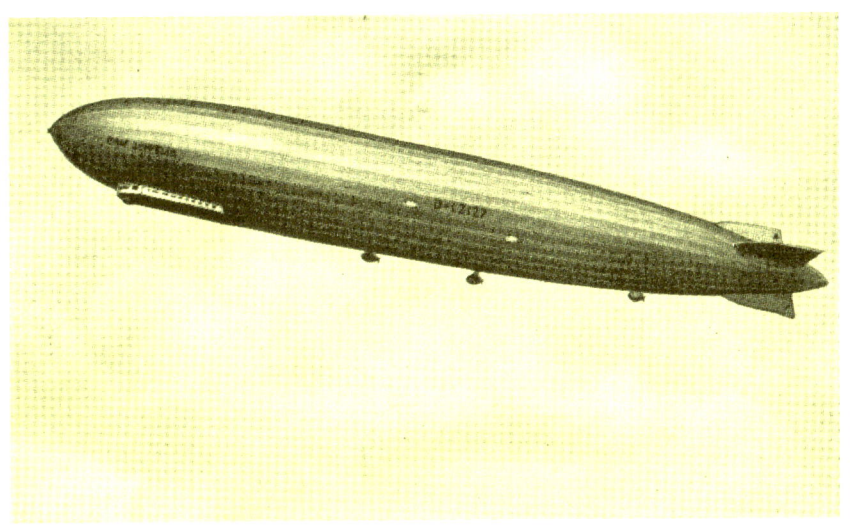

An Bord des Luftschiffes „Graf Zeppelin"

3. Südamerikafahrt 1932

Sonnabend den 23. April 1932

MITTAGESSEN:
Kraftbrühe mit Nudeln; Paprika-Huhn; Erbsen, Karotten; Risotto;
Orangensalat; Gebäck

ABENDESSEN:
Pastetchen mit Champignon Ragout; kalte Platte; Kartoffel Lyonaiser-
Art; Tomatensalat; Kompott

KURGARTEN-HOTEL FRIEDRICHSHAFEN
Konzern-Hotel des Luftschiffbau Zeppelin GmbH

der Gepäckbeschränkung; vorsichtshalber fahre ich nochmal zum Ankermast und gebe schon all die Glasbilder und Filme sowie meine Klein-Adler-Schreibmaschine ordnungsmäßig ab. Nachmittags fahre ich nach Olinda hinaus, einem Vorort von Recife, die holländische Urgründung mit recht vielen Klöstern auf Einzelhügeln, nachdem wir vorher durch elendes Sumpfgebiet mit noch viel elenderen Behausungen gefahren sind. Unterwegs fällt mir auf, dass in den Wagen dieser Strecke, auf der sehr viele Analphabeten fahren, keine wortreichen Warnungsplakate, sondern ein Warnungsreihenbild aushängt:

1. Ein Mann stolpert beim Abspringen von der Bahn;
2. Er kommt unter den Wagen zu liegen, großer Zusammenlauf;
3. Der Bedauernswerte liegt im Krankenhaus von oben bis unten in Bandagen eingewickelt;
4. Das Leichenbegängnis.

Abends bin ich bei einem Bonner, Herrn Dr. med. Rösler, der seit 10 Jahren hier ansässig ist und eine große Praxis ausübt, zum Abendessen eingeladen. Vorher habe ich noch einige kleinere Geschenke gekauft, eine Handtasche aus Schlangenleder, irgendeine Wasserschlange aus dem Amazonas, deren Name ich vergessen habe, und für meine Jungens das Modell einer Jangada, eines der von den Eingeborenen gebräuchlichen Wasserfahrzeuge. – Während des Abendessens klatscht der Regen, das Luftschiff wird so immer schwerer werden. Um 8.00 Uhr wird das Gepäck abgeholt, die Amerikaner haben schrecklich viele Koffer! Punkt 10.00 Uhr fahren 6 Personenwagen heraus; liebe Kameraden, die uns die Zeit in Recife zweckentsprechend verleben ließen, begleiten uns mit ihren Frauen; auch haben sich viele von der deutschen Kolonie am Ankermast eingefunden. Gerade schwenkt unser „Graf Zeppelin", er geht am Ankermast spazieren, sagen die Leute hier, er dreht sich auf dem Schienenkranz um seinen Conus, da müssen die Autos vorher halten, und kaum haben wir den Fuß aus dem Auto gesetzt, da klatscht es wieder in Strömen, als wenn's mit Eimern schüttete; so heftig sind die Tropenregen. Mein weißer Anzug, frisch gewaschen, sieht binnen kurzem zum Erbarmen aus. Vorher war das Schiff noch so leicht, so dass man noch eine Tonne Betriebsstoff nachfüllen wollte, das erübrigt sich jetzt durch die Regenbelastung. „Wir kommen alle mit", sagt Herr von Schiller im Vorbeigehen. Das Schiff hat noch mächtigen Auftrieb, die Koffer werden in unheimlicher Zahl an Bord gebracht, alles staunt über das Tragvermögen, der Telefonanschluss vom Ankermast zur Führergondel abgehängt, wir alle sind längst schon im Salon des Schiffes, die Spitze wird ausgeklinkt, die braven brasilianischen Soldaten heben das Schiff zum Abwiegen hoch, die Maschinentelegraphen schrillen ... hoch ... wir verlassen Punkt 11.00 Uhr – Freitagabend – das gastliche Brasilien. Kaum 30 Meter hoch gehen wir über die letzten Palmen weg, dann kommt das Stadtinnere mit dem geringen Nachtverkehr, 11.10 Uhr verlässt die Heckspitze den Hafen, wir steuern direkt auf die offene See. – Nun gibt's draußen nichts mehr zu sehen. Man macht sich im Schiff gegenseitig bekannt, Passagiere von der ersten Fahrt sind mit dabei und rasch ist neuer Anschluss gefunden. In Erinnerung, dass vor 2 Jahren – 22.04.1930 – wir unseren großen Zeppelintag in Hangelar hatten, trinken wir eine gute Pulle. Anderen morgens bin ich unter den ersten 5, die zum Frühstück im Salon erscheinen. Man sagt uns, dass wir gegen 6.00 Uhr die kleine Insel Rocas fernab passiert hätten, den ganzen Tag über werden wir kein Land zu sehen bekommen. Da sucht sich jeder Arbeit, viele packen ihre Koffer zweckmäßig um, es wird viel gelesen, die neueste Berliner Illustrierte ist auch schon an Bord, eine kleine Bibliothek hat der „Graf Zeppelin" auch. Nun haben wir Zeit, uns mal die Passagiere anzusehen. 12 dick Zahlende sind an Bord, also eine deftige Fahrt. Mit Jeder Fahrt geht's besser; „Graf Zeppelin" wird sich schon durchsetzen. Vor allem ist da eine Amerikanergruppe, ein bekannter amerikanischer Multimillionär mit seinem Diener, seinem Sekretär und seinem Flugzeugführer, und als fünfter ein großer brauner Mann mit leicht meliertem Kraushaar, ein Sänger aus Hawaii, den man sich zur Unterhaltung mitgenommen hat. Man sagt, diese 5 hätten zusammen 37 schwere Koffer; also deshalb war diesmal das Gepäcknachwiegen so genau wie noch nie, denn bekanntlich muss jedes Übergepäck besonders bezahlt werden. Die Amerikaner haben noch einen besonderen Salon gemietet.

Von hieraus schallt öfters gedämpfter Gesang zu uns herüber, schwere, wehmütige Lieder, zuweilen auch Tänze.

Ein vornehmer Zug des Luftschiffbaus Zeppelin ist es – und hierin entscheidet Dr. Eckener persönlich von Fall zu Fall – dass etwaige Freiplätze von Gästen belegt werden, sei es nun, dass es sich um Leute handelt, die mit dem Luftschiffbau in Geschäftsverbindung stehen, ihn in irgendeiner Weise unterstützen oder früher geholfen haben oder solche, die noch über die Vorteile eines Großluftverkehrs aufgeklärt werden müssen oder zur Mitarbeit herangezogen werden sollen. Allerdings müssen diese Gäste beim Zugang zahlender Passagiere auf ihre Reise verzichten, was ja wohl verständlich ist. So sehen wir an Bord: Major a.D. von Kehler, der Präsident des Aeroclubs von Deutschland, der letzthin Hangelar durch Einbeziehung in den Europa-Rundflug 1932 auszeichnete, einen der ältesten Luftschiffoffiziere, der – meine lieben Leser werden sich dessen sicher erinnern – 1910/12 bei den Luftschiffmanövern in Köln die Parseval-Luftschiffe führte; ferner Kapitän Booth, der Kommandant des englischen Luftschiffes R 100 – des Schwesterschiffes des R. 101, welches kurz nach Antritt seiner ersten großen Fahrt nach Indien in Frankreich strandete und Wronsky Jr. von der Deutschen Luft Hansa, der zu Studienzwecken des Zubringerdienstes drüben wie auch unterwegs dicke Notizblocks verschreiben muss.

9.30 Uhr Bordzeit, ein Schuss aus dem Echolot, ein Tuten aus dem Signalhorn, noch 2 Schüsse, wir haben gerade den Äquator passiert. Es fallen wieder die üblichen Witze, man könne den Strich wegen des hohen Wellenganges schlecht sehen, bei der Hinfahrt sei er viel deutlicher gewesen, man habe 10 Meter höher gehen müssen, um über den „Strich" zu kommen usw. – Draußen ist es ungemütlich, die Wolken hängen niedrig, teils bis aufs Wasser, ringsum ist die Sicht kaum mehr als 5 Kilometer. Ich gehe mal zum Navigationsraum, wo jedem Fahrgast bereitwilligst Auskunft erteilt wird. In aller Gemütlichkeit stehen Höhen- und Seitensteuermann, das Schiff läuft ja wie allein, es kennt wohl sicher schon die „ausgefahrene Strecke" auswendig. – Bald ist es Zeit zum Mittagessen. Die Tischordnung weist Major von Kehler und mir ein Tischchen backbord zu. Es gibt Kraftbrühe mit Nudeln, Paprikahuhn mit Erbsen, Karotten und Risette (Reis), als Nachtisch Orangensalat und Gebäck. – Nun haben wir schon 12 Stunden hinter uns, schätzungsweise ein Siebtel der Reise. Wir gehen auf Nordkurs, haben leichten Gegenwind, morgen um die Mittagszeit hoffen wir, vielleicht Westpassant zu bekommen. – Einige machen ein Mittagsnickerchen, notgedrungen muss ich folgen, wenn auch meine „Kleinadler" die Nachbarn kaum stören dürfte. Aber auch diese Zeit wird nutzbringend verwandt. Bei mir haben sich backbord 2 Zehen wundgescheuert, da muss der Steuermann Schönherr, der tatsächlich das Mädchen für alles im Schiff ist, herhalten. Als ausgebildeter Sanitäter kommt er mit seinem großen Verbandskasten und behandelt mich mit eben solcher Sorgfalt wie Sachkenntnis, die zahlreichen Juckstellen der Moskitos entgehen ihm auch nicht, sie werden alle mit Iod abgetupft. Dann spiele ich mit Major von Kehler 2 Partien Schach. – Das war des alten Grafen Lieblingsspiel nach dem Essen – das überlegene und überlegendere Alter siegt über den unruhigen Draufgänger überlegen. – Abends gibt's Pasteten mit Champignon-Ragout, eine fabelhafte kalte Platte, Tomatensalat, Kartoffeln Lyoner Art und Kompott. Ich leiste mir nach einigem Überlegen eine Flasche französischen Rotweins; in hergebrachter Weise steht der Name des Bestellers und Besitzers auf dem Etikett, man braucht die Flasche nicht auszutrinken, beim nächsten Essen steht sie wieder auf ihrem Platz. – Nach dem Essen ist auf einmal der Teufel los. Wronsky Jr. hat ein neues Spiel „erfunden"; die Amerikaner sind sofort mit Herz und Hand um den Tisch; jeder bekommt einen mit einer Schnur versehenen Korken, die in der Mitte des Tisches zusammengestellt werden. Und dann knallt der Würfelbecher! Erscheinen unter dem aufgehobenen Becher – je nach der getroffenen Vereinbarung – durch 2, 3 oder 4 teilbare Zahlen, so zieht man rasch seinen Korken zurück oder aber der Becher saust unbarmherzig auf den zögernden und überlegenden Korken und sein Besitzer hat einen Strafpunkt, die sich natürlich sammeln und häufen und zu irgendeiner Runde oder Pulle verdichten. Der ganze Salon ist in Aufregung; es ist nicht möglich, bei diesem Krach Schach zu spielen; also legen wir unsere Figuren zusammen und beteiligen uns an dem amüsanten Spiel.

Sonntag früh werde ich zur gewohnten Stunde wach. Jetzt werden meine Jungens daheim im Bett herumturnen und aus Kissen und Matratzen einen „Graf Zeppelin" bauen, abwechselnd werden sie Dr. Eckener, Lehmann, Flemming und von Schiller sein und in Hangelar landen. Unter dem einen weißen Bettchen stehen all' die 50-Pfs.-Rennautos, das ist die Garage, und unter dem anderen, das ist die Flugzeughalle, da stehen Land- und Schwimmerflugzeuge friedlich neben dem Do X-Modell. Mutti wird unseren kleinen Jungfliegern erzählen, dass der Vater heute – soweit überm Ozean – seinen Namenstag begeht. – Ich will meiner halbjährigen Tochter heute eine Karte schreiben; später soll sie sich dann erinnern, dass ich auf der großen Weltreise auch des kleinen Wurms in der Wiege gedacht habe. – Mit welcher Seelenruhe man sich hier anziehen kann. Das gibt's nur einmal! Mit bloßem Oberkörper stehe ich im Waschraum; ein Besatzungsmitglied kommt vorbei und sagt, dass wir in Höhe der Kapverdischen Inseln sind, immer noch auf Nordkurs, so dass wir auch heute wohl kein Land zu sehen bekommen werden. Dann kommt im Schlafanzug Mister Booth, der übrigens ein gutes Deutsch spricht; wir beide stehen nebeneinander und rasieren uns in aller Gemütsruhe. Ich möchte ihn zu gerne etwas über die englischen Luftschiffe fragen, ob sein Luftschiff R 100 – wie es in der Presse hieß – abmontiert sei, ob man noch viele Prallschiffe habe? Aber andererseits ist mir dieses Thema zu peinlich. Gestern schon sah ich ihn mit so ernsthaften Zügen, scharf überlegend; oft ging er zum Navigationsraum, angesichts dieser fabelhaften Selbstverständlichkeit dieses ersten planmäßigen Luftschiffverkehrs muss ich das Unglück seines Vaterlandes mit dem R 101 besonders schwer treffen. Und gerade England mit seinem weitverzweigten Kolonialbesitz wäre das Idealland für einen Großluftschiffverkehr!

Beim Frühstück sitzt man schon fröhlich um Kapitän Flemming herum. Er hat gestern Abend, im „Roten Zelt" über dem Salon schlafend, den Hochbetrieb bei uns gehört, lange gekämpft, ob er aufstehen und mitmachen solle, schließlich hat die Vernunft gesiegt. Nun muss er sich verabschieden, seine Wache ist zwar zu Ende, er muss aber nachsehen, wie seinen Schutzbefohlenen Tieren die Reise bekommt. Die Kanarienvögel halten sich gut, aber sobald der

Wind auf Nord-Ost dreht, gehen die kleinen Äffchen ein; deshalb habe ich auch meinen Jungen – trotz ihrer netten Briefe – keins mitgebracht. – Wie wir fahren werden, soll die Mittagswetterkarte entscheiden; es geht immer noch auf Nordkurs. Dr. Eckener sagt, der Seegang sei so stark, dass die Seeschiffe kaum vorwärts kämen; wir dagegen fahren ganz ruhig und ungestört. Einen Langschläfer haben wir unter uns, der wieder erst wenige Minuten vor dem Mittagstisch im Salon erscheint. Seine Hoffnung auf nachträgliche Rückvergütung wegen gesparten Frühstücks können wir wegen Überbeanspruchung der Bettwäsche nicht teilen. Kurz vorm Essen steigt noch eine Runde Cognac aus der gestrigen Knobelschuld. Dann begibt man sich an die Plätze, als Dr. Eckener und seine beiden Kapitäne den Salon betreten. Es gibt Erbsensuppe, gebratene Kalbskeule mit Prinzessbohnen und Makkaroni und Ananaseis mit Waffeln. – Der verflixte Cognac hat mich wilde gemacht und mir das Arbeiten verleidet, noch ein kurzer Blick auf unsere Position, immer nordwärts geht's mit etwa 90 Kilomter/Stunde (an Bord rechnen wir mit Meilen), der Salon lichtet sich mehr und mehr; ich ziehe mich auch in meine Kabine zurück. Das Wetter ist etwas aufgeklärt, hier und da – aber kaum ein Zehntel – bricht der blaue Himmel durch, endlich wieder mal glitzert die Sonne über der blauen Flut; doch auch schwarze Flächen bilden sich durch tiefhängende Wolken. – Eine Stunde Kurzweil, nein, ein Nickerchen von einer Stunde. – Wie ich wach werde, sind wir höher gegangen, auf 600 Meter fahren wir jetzt; es scheint etwas rascher zu gehen, das Meer ist auch ruhiger, wenn auch sicher noch Seegang 3–4. Mit 6.00 Uhr rechnet man auf Nachlassen und allmähliche Drehung. – Zuerst trinken wir einen gemütlichen Sonntagsnachmittagskaffee; dass wir jeden Tag frisch gebackenen Kuchen bekommen, habe ich doch wohl schon gesagt? Dann spielen wir noch 2 Partien Schach und nun erzählt Major von Kehler aus der guten alten Zeit, was nicht in den Büchern steht, von den allererst en Aufstiegen mit länglichen Fesselballons, von den Lenkluftschiff-Versuchen David Schwarz und Dr. Wölfert und vielen anderen Pionieren der Luftfahrt, so dass die Versperstunden nur allzu rasch entfliehen.

Inzwischen wird zum Abendessen gedeckt: Mockturtlesuppe, Filetbraten in Steinpilzen, Petersilienkartoffeln und Gurkensalat,

Käseplatte. – Kaum hat Dr. Eckener sich zur Brücke begeben, da springen sie alle von ihren Sitzen auf, die Knobelstunde beginnt. Der Major legt trotzdem unentwegt Patience, verschiedene andere versuchen zu lesen; aber sie kommen wohl alle schlecht dazu, denn der Krach steigt ins Unheimliche. Besonders einer der Nordamerikaner hat ein fürchterliches Lachen, sodass einer der Wachoffiziere erstaunt den Kopf zum Salon hereinsteckt und meint: „Ihr reißt mir sicher noch die Gondel ab." – In den Räumen über uns wird unter schwerem Aufbumsen und Hallo ein Dauer-Männer-Skat gedroschen. – Ein Amerikaner lutscht an einer trockenen Riesenzigarre; um den Eigenbetrug voll zu machen, stellt man ihm ein Schüsselchen als Aschenbecher hin, und in Gedanken streicht er auch immer die vermeintliche Asche ab. Er kommt aber so über die schweren Stunden des Nicht-Rauchen-dürfens hinweg. – Nun sind wir schon 48 Stunden unterwegs. Zwei volle Tage haben wir nur Himmel und Wasser gesehen, da ist es schon der Mühe wert, wenn uns die Schiffsleitung steuerbord auf ein schwaches Licht aufmerksam macht, auf einen Frachtdampfer in gleicher Fahrtrichtung. – Die Stimmung wird immer ausgelassener, ein fabelhafter 1921er tut das Seinige, fast jeder hat irgendeinen Scherzartikel aus einem Hexenladen; nur einer beteiligt sich nicht an all dem, er kaut vergnügt seinen Gummi. Nachdem wir uns vergewissert haben, dass es noch immer mit Nordkurs auf die Azoren zugeht, der Obersteward, der unermüdliche Kubis, nicht mehr aufzutreiben und somit von selbst Schluss ist, verziehen wir uns zu gerechtem Schlaf in unsere Kabine. – Nur spärlich erscheinen anderen morgens die einzelnen zum Frühstück. Mein Erstes ist, unsere Position zu erfahren, man hat sie schon auf einer Karte eingezeichnet. Jetzt laufen wir Nord-Ostkurs auf die Azoren zu, der Gegenwind hat sich noch nicht gelegt und wir werden auch heute noch nicht über Land kommen, vielleicht erst morgen früh Kap Finisterre erreichen. Bis zum Mittagessen ereignet sich nicht viel; es gibt nichts zu sehen als Wasser und immer wieder Wasser, es wird eintönig. Der Himmel ist meist milchig-trübe, gegen Mittag etwas aufklärend. Nun haben wir schon zweimal die Uhr um eine Stunde vorgestellt; der auf regelmäßiges Essen und sonstige notwendige Funktionen seit 3 Jahrzehnten planmäßig eingestellte Corpus

Delicti kommt mit sich selbst in Durcheinander; ich fühle mich nach dem gestrigen Abendtrunk unpässlich, vielleicht auch, dass der ungewohnte Rotwein mitschuldig ist. Es wird kühler. Der wochenlang verschmähte blaue Anzug kommt wieder zu Ehren, die Heizung wird angestellt. Zum Mittagessen gibt's Kraftbrühe mit Einlage, Schweinebraten mit Wirsingkohl und Kartoffelpüree, Apfelmus oder Käse nach Wahl. – Sofort nach dem Essen verschwindet alles, man versäumt ja doch nichts. – Gegen 5.00 Uhr eine kleine Aufregung, steuerbord voraus wird ein weißer Dampfer gesichtet. Nun sehen wir erstmal, wie stark der Wind ist, nein, richtigen Sturm haben wir. Es ist ein großer Kasten, der da vergeblich versucht, gegen den schweren NO anzukommen; wenn ich augenblicklich auch schon zum zweiten Male den Ozean überquere (ich muss gestehen, ich bin noch nicht zur See gefahren), ich hätte es aber auch nicht für möglich gehalten, dass so ein Riesenschiff da unten so der Spielball der Meereswellen sein könnte. Man sieht richtig, wie er – quer zum Wind – dauernd von backbord nach steuerbord überwippt und keucht und stöhnt – und wir fahren seelenruhig über all dem Wüten des Meeres und des Windes, kommen zwar etwas langsamer voran, aber kein Schwanken in der Kabine, kein Stoßen und Schlingern – man könnte ruhig ohne Gefahr mit dem Messer essen – noch viel ruhiger als im Rheingold, wo man immer noch die Schienenstöße verspürt. – Es ist der schwedische Dampfer Sudic, vorn auf dem Bugdeck sind alle Passagiere in hellen Kleidern versammelt, er tutet dreimal zu unserer Begrüßung und wir hissen die deutsche Flagge! – Das ist immer ein ergreifender Moment, alle amerikanischen Apparate knipsen unsere Flagge! – Gegen 6.00 Uhr kommen die Ausläufer von Madeira in Sicht; wie wir näherkommen, gerät auch unser Schiff etwas ins Schwanken, der Wind hat noch mehr zugenommen, jetzt ist es schon stärkster Sturm, der die schwere See, die nackten Felsen hinauftreibt. Wir kommen in richtigen Aufwind, aber es ist keineswegs unangenehm, nach kaum einer Viertelstunde haben wir auch diese Zone durcheilt. Trotz stärksten Gegenwindes direkt auf die Nase laufen wir noch mindestens 60 Kilometer. Zeitweise werden 22 Meter/Sekunde direkter Gegenwind mit Böen bis zu 28 Meter/Sekunde festgestellt – und trotz all

dem geht unser Schiff ganz ruhig, nur ganz leicht vibrieren schon mal die Schachfiguren auf ihren Feldern! – Ist es nicht nett, dass die Küche, geleitet von dem Küchenchef des Kurhotels, Scheuer, sich auch nach der Örtlichkeit richtet? Nach den russischen Eiern gibt's Rinderbraten in M a d e i r a sauce (!) mit Gemüse und Salat garniert und Kompott. – Einen Konstruktionsfehler hat das Schiff, ich meine die Kost ist zu gut, man hat zu wenig Bewegung für all das gute Essen. Ein Witzbold meinte zu Dr. Eckener, im neuen Schiff müsse unbedingt eine Bundeskegelbahn eingebaut werden, das Promenadendeck allein genüge nicht zur körperlichen Betätigung. – Nun aber wollen wir der Schiffsleitung zeigen, dass wir auch so „Betrieb" machen können, sie hat wohl stellenweise gedacht, wir rissen die Gondeln ab. – Der Hawaiisänger kommt und singt, dann wird's immer lebhafter, der amerikanische Verkehrsflieger nimmt die andere Laute, der Multimillionär Trommelknüppel, sein Sekretär summt durch Pergamentpapier, ich eile zur Küche, Wronsky Jr. bekommt ein schweres Tablett zum Steppen, dem Generaldirektor drücke ich einen Kochkesseldeckel und einen Holzlöffel in die Hand, ich selbst nehme mir zwei leere Weinflaschen bei deren rhythmischen Aufbumsen auf meine Beinpolster zwei Kaffeelöffelchen im Halsstück zum Jazzband aufrasseln, dazu schrilles Zähneflöten; der Multimillionär kann mich für diese „Erfindung" – wie den Hawaiisänger – mal mit auf eine Weltfahrt nehmen. – Wir haben Mordsspaß, der Krach ist unbeschreiblich, da die anderen nun auch auf Instrumentenerfindung ausgegangen sind. Dr. Eckener steht in der Türe, lacht und kann nur sagen: „Sunt pueri pueri, puerilia tractant!" (Kinder sind und bleiben Kinder und treiben Kindereien). Es folgen Karten- und sonstige Kunststücke, Stepptänze, Reisschnaps hat noch jemand von Recife mitgebracht, der Weißwein ist längst alle, das ist noch bei keiner Überfahrt vorgekommen. – Man holt noch allerhand mögliche Gesellschaftsspiele, ich ziehe es aber vor, schlafen zu gehen. – Erst um 8.00 Uhr Schiffszeit werde ich wach, na also doch um 6.00 Uhr, denn schon wieder wurde unsere Uhr um eine Stunde vorgestellt, es sind schon viele früh auf den Beinen, denn nun muss bald Land kommen. Dr. Eckener hat sich in später Abendstunde entschlossen, durchs Mittelmeer zu laufen. Um 8.30 Uhr Schiffszeit taucht die spanische Küste auf und kurz danach auch die afrikanische. Wieder die bekannten Witze, die ersten Löwen trinken gerade ihren Morgenschluck am Meeresstrand! – Immer enger werden die beiderseitigen Ufer. Gott sei Dank gehen wir diesmal näher an die spanische Küste heran, die spanische Küste kennen wir ja schon vom letzten Male her, wo um 9.00 Uhr Tanger steuerbord querab gut zu sehen ist, besonders deutlich, die breite Mole, mit Festungswerken und davor – seit Jahren (wie ein Passagier erzählt) immer an derselben Stelle liegend, ein Kriegsschiff mit 2 Schornsteinen, die Flotte der Marokkaner! – Das gebirgige Hinterland zeigt Dunst und breite Talnebel. Die See ist glatt oder nur leicht gewellt, ohne Schaumkronen, ein Riesenunterschied gegen gestern Nachmittag, wo die Wellen da unten wohl haushoch gegangen sind. – Die spanische Küste ist freundlicher, verrät viel Grünes, wenn auch die Höhen kahl sind. Backbord voraus erkennt man schon die Bucht von Gibraltar, doch vorher passieren wir noch Tarifa, mit vorspringender Mole und Leuchtturm. Zahlreiche Segelboote kreuzen unseren Kurs, mehrere Dampfer mit roten Kaminen grüßen und jetzt tritt deutlich der trutzige Gibraltar Felsen vor uns, westlich davon die Stadt, ringsum schwere Festungsbauten; wir bleiben außerhalb der Sperrzone, um keinen Anlass zu Komplikationen zu geben. – Nun geht's ins offene Mittelmeer hinaus, also wohl dieselbe Strecke wie bei der Hinfahrt. 80 Stunden sind wir schon in der Luft und 100 werden es wohl werden. Jetzt haben wir es ja auch nicht eilig, was sollen wir in der Nacht ankommen, all' die Leute heraustrommeln und die Passagiere aus den Betten. Die Mannschaften in Friedrichshafen, die durch Sirenen zur Landung herbeigeholt werden müssen, kosten teure Überstunden und anderen Tags sind sie doch nicht so auf dem Posten wie sonst, dann lieber in den ersten Morgenstunden landen, ein kurzes Bad für die Passagiere und dann in die Morgenzüge oder die bereitstehenden Flugzeuge der Luft Hansa. So fahren wir denn mit nur 3 Motoren, nachdem gestern selbst im Sturm nur 4 liefen. – Jetzt ist der richtige Moment, mal ins Schiffsinnere zu gehen, Herr Fahringenieur Beuerle, seit 20 Jahren schon im Luftschiffbau, holt mich liebenswürdigerweise mit in sein Reich, ein kleines Bürochen mittschiffs. Zu linker Hand seines Schreibtisches zuerst

Cobacabana

Schiffsschatten über spanischem Küstengebiet

Wieder daheim ... auf dem Flughafen Hangelar

mal der Maschinentelegraph, auf 5 Maschinen kombiniert; alle Befehle, die von der Kommandobrücke an die 5 Motorgondeln gegeben werden – Fahrt voraus, halb, langsam, volle Fahrt, Rücklauf, Leerlauf, abstellen, Ablösung usw. – werden dem Fahringenieur unter Aufleuchten einer roten Signallampe ebenfalls mitgeteilt. Wird mit Benzin gefahren, dann wird durch Listeneintragung der stündliche Verbrauch subtrahiert, so dass jede Minute der tatsächlich vorhandene Betriebsstoffvorrat listenmäßig zu ersehen ist. 5 Alkoholmanometer lassen in Verbindung mit Minimal- und Maximalthermometer und einem Luftdichtigkeitsschreiber den Verbrauch an Triebgas errechnen, dessen Vorrat auch minütlich festliegt. Da ist dann noch ein Neigungsmesser, der durch eine schwankende Libelle die Lage des Schiffes anzeigt, ob es hinten leicht oder schwer ist, ob es umgetrimmt werden muss oder ob es ausgewogen ist. Auch eine Uhr mit einer Reihe kleinerer Innenzeiger, Abfahrtszeit, absolute Fahrtzeit, Ortszeit, Schiffszeit, Greenwich-Zeit usw., ein interessanter Raum und über all den Instrumenten, Listen und Tabellen ein welkender Blumenstrauß; es gibt ja nur ganz wenige Blumen in Brasilien. – Ich gehe wieder nach vorne, überall sind Leute auf Wache, messen das Benzin nach, revidieren die Zellen, stempeln die Post ab, hier wird geputzt und aufgeräumt, einige ruhen in ihren Kojen, andere machen Morgentoilette oder waschen Geschirr, das im Aufzug herab zur Küche geht, überall Leben und Regen. An 40 Mann Besatzung sind an Bord, die genau nach festgelegtem Plan ihren Dienst tun, in heiligem Eifer und größter Hingabe an ihr Werk; Zeppelingeist und Zeppelintreue ist die Kraft der Zeppelinerfolge!

Bald hätte ich noch eines vergessen: der Gibraltar-Pool! In vorgerückter und lustiger Stunde haben die Amerikaner vorgeschlagen, um die Ankunftszeit in Gibraltar zu wetten. Sofort werden die Vorbereitungen getroffen, nachdem sich alle zur Beteiligung bereit erklärt haben. Zwischen 8.00 Uhr und 10.00 Uhr wird wohl sein, so rechnet man, das soll aber gleich sein, es geht um die Minutenzahl. So erhält denn jeder 5 Minutennummern (1–60) durch Los ziehen, auf einer Liste wird im Saloninneren ausgehängt, die Schiffsleitung wird gebeten, beim Passagieren des Gibraltarleuchtturmes ein Echolot abzufeuern. Der Gewinner erhält 60 v.H. des

Pools, die beiden Nachbarn je 15 v.H. und die restlichen 10 v.H. der Steward. – Ausgerechnet der Junggeselle und Generaldirektor gewinnt den „Pott" – würden wir statt Pool sagen – der Multimillionär und der Kaugummiamerikaner die auch noch deftigen „Trostpreise", der Steward lacht sich eins ins Fäustchen. – Fuhren wir bis jetzt etwa 20 Kilometer längs der Küste, so gehen wir allmählich im spitzen Winkel auf sie zu; bald müssen wir über Festland sein. Vorher entdeckt Mister Booth noch ein in voller Fahrt von hoher See kommendes Unterseeboot unbekannter Nationalität, die Wellen schlagen schäumend über sein Vorderdeck, wir laufen ihm aber spielend weg, so dass es zu einem Flaggenaustausch nicht kommt.

Nun berührt der Schatten der Luftschiffspitze Land, Cap de Gata (Katzenkap). Felsen und angeschwemmtes Land, – die Art der Anschwemmungen könnte der Geologe vom Schiff aus besonders beobachten – zeichnen sich durch die Isohypsen (Linien gleicher Höhe) glatt ab, öde und leer, weißer Sand, hier mal gelb und rot, unfruchtbar und hügelig. Und doch erkennt man bei näherem Zusehen ehemalige Kultur, das Urland der Araber, das sie nach hartnäckigem Kampf gegen das Christentum aufgaben, ehe sie sich nach Afrika zurückzogen. Noch deutlich sieht man Ackerabgrenzungen, Steinhalden, die die Abschwemmung des Ackerlandes durch die Berggewässer verhinderten. Hier und da Neukulturen, weiße Häuser mit Flachdächern, davor weiße Kreise, die ich mir nicht erklären kann. Eine halbe Stunde geht's so, dann kommt Dr. Eckener zum Mittagbrot, das jetzt eingenommen werden kann, wo's jetzt über See weniger zu sehen gibt. Nach der Reiscreme-Suppe mundet uns besonders Caffeler Rippenspeer mit Sauerkraut und Kartoffeln so, dass es kaum noch zur Käseplatte reicht. Mit ONO-Kurs geht's etwa 10 Kilometer südlich von Cartagena, Cabo de Palos und St. Antonio mit seiner buchtenreichen Hafeneinfahrt vorbei. Überhaupt sind die von steil abfallenden Felsen eingeschlossenen Buchten sehr zahlreich, hier verproviantierten sich auf geheimnisvolle Weise unsere U-Boote während des Krieges. – Nach dem Kaffee wird wieder mal die Uhr – jetzt zum letzten Male – um eine Stunde vorgestellt, wir genießen die Ansicht von Valencia. Kurz nach 6.00 Uhr liegt Tarragona vor uns. Und nun geht's längs der Küste weiter, Badeorte mit schmucken Strandhotels, Badehäusern und guten Autofratzen liegen unter uns. Das ist die reichste Provinz Spaniens, denn hier werden fast alle Steuern aufgebracht für die angeblichen Nichtstuer von Madrid, die Ursache aller Revolutionen. Und dann erinnert uns ein entgegenkommendes Amphibienflugzeug an den nahen Flughafen von Barcelona, Prat del Llobregat, den wir in recht ungünstiger Lage direkt am Meer feststellen. Wronsky Jr. ist schon dort gelandet, man müsse meist über See in den Hafen hereinkommen. Auch eine kleine Luftschiffhalle steht da, unsere an Italien ausgelieferte „Bodensee" ist hier mal gelandet. Das Wasserflugzeug holt uns nicht ein, unter dem Ehrengeleite einer englischen Motte kommen wir über Barcelona an. Das ist wohl der Höhepunkt unserer Reise, eine vornehme Stadt, quadratisch abgegrenzte Straßen, in denen beim Anblick des Zeppelins jeder Verkehr stockt, ein großer Hügel mit der Riesenweltausstellung von 1930, großartige Gartenanlagen und Parks, dann noch das Denkmal des Columbus unweit des ausgedehnten Hafens. Mitten drüber geht's wieder auf die offene See, an die 30 Segelboote, teils mit Hilfsmotor, begleiten uns ein Stückchen. Auf den Höhen, die allmählich zu den Ausläufern der Pyrenäen übergehen, sieht man überall Wachttürme, der frühere Schutz gegen Seeräuber. Die spanischen Türme sind rund, die maurischen eckig; Burgen und Burgverließe sowie Ruinen sieht man allerorts. Schroffe Felsen fallen ins himmelblaue, unbeschreibliche schöne Mittelmeer. Hier diese hohe Kultur als Gegensatz zu der verlassenen südamerikanischen Küste mit ihren elenden Eingeborenenhütten, ein Bild von ungeheuerstem Gegensatz. Nun sehen wir den Tordera einmünden, ein kleines Delta, dann folgt ein kleines Bad, ein offenes Strandtheater zeigt sogar eine Opel-Reklame. – Und dann genießen wir, seit Wochen zum ersten Mal wieder, die abendliche Dämmerung, die's drüben im Land der ewigen Sonne am Äquator bei der Tag- und Nachtgleiche nicht gibt, das allmähliche Hinsterben des Tages, die sogenannten Abendwolken, die dunklen Stratus-Strichwolken, das Abendrot und das Versinken des blutig roten Sonnenballs in das unendliche Meer. Jetzt erst fühlt man, was man wochenlang entbehrt hat, was die Deutschen drüben ebenso vermissen wie das Knospen im Frühling, den Anzug des

Winters und das Erstehen neuen Lebens in Feld und Flur. – Wir setzen uns zum Abendessen, zur Henkersmahlzeit: Rühreier mit Parmesan, kalte Platte mit Salat und Bratkartoffeln, als Nachtisch frische Ananas. – Wir bitten Herrn Major von Kehler, die offizielle Dankesrede an die Schiffsleitung zu halten, deren sich der altgediente Luftschiffer in jugendlicher Frische unterzieht. Ein hoch Dr. Eckener, seiner Besatzung und dem Luftschiffbau Zeppelin! – Wie Kapitän Booth errechnet hatte, kurz vor 9.00 Uhr Schiffszeit berührt unser abwärts gestellter Scheinwerfer französisches Festland, weit steuerbord voraus der Lichterglanz von Marseille. 9.00 Uhr sind wir über Arles, silbern schimmert die Rhone unter uns, Tarascon begrüßt uns mit viel Raketen und sogenannten „Leuchtradieschen", ein Eisenbahnzug mit offener Lokomotiv-Feuerung hell aufleuchtend, kreuzt unseren Weg; dann sind wir schon über Avignon. Jetzt kommen wohl die Berge, wir gehen höher, machen auch – wie der Scheinwerfer verrät – weniger Fahrt. Die Fenster werden verhängt, damit wir, die Vorhänge im Rücken, bessere Sicht haben. Unser Scheinwerfer geht über weite Felder und hell-weiß sich abzeichnende Landstraßen, huscht über Gärten und dunkle Häuser, in denen hier und da ein Licht aufblitzt; wir haben durch unsere Motoren manch' braven Schläfer geweckt. Hier und da ein rundes oder viereckiges Lichtermeer, ein auf die Erde projiziertes Sternbild, tausendfach glitzernd wie ein Brillantgeschmeide, eine Stadt; man erkennt sofort die Hauptverkehrsstraßen an den bläulich gleißenden oder dumpfroten Reklamelampen der Großgeschäfte, Kinos und Bars. Wir fahren direkt über der Rhone stromaufwärts, schwere Regenbögen wollen das Schiff schütteln, aber die hier direkt von den Alpen abfließenden Fallwinde oder der häufig hier in Erscheinung tretenden Mistral können unserem Schiff nichts anhaben. Wir scheinen allerdings jetzt mit voller Fahrt zu laufen und meistern so alle Böen, nach einer Viertelstunde ist das ganz leise Stampfen vorbei. Wir sind inzwischen auf 750 Meter Höhe gegangen. In dem Lichtermeer von Valence fällt ein einziges rotes Licht auf, alles grinst – „Hier sind Sie richtig". – Wir fahren jetzt wieder mit 3 Motoren, teils nur mit 85 Kilomter. Es ist ziemlich ruhig. Wir erreichen über Vienne Lyon, verlassen jetzt die Rhone und gehen auf NO-Kurs über Bourg[12], östlich von Dôlde[13] vorbei auf Basel. Ich habe ein Stündchen geschlafen und als ich wach werde und sofort mit Packen beginne, da sind wir über Schaffhausen. Bald taucht unser Scheinwerfer in den heimatlichen Bodensee und wenige Minuten vor 4.00 Uhr erscheinen wir über Friedrichshafen. Zahlreiche Lichter blitzen auf, nun werden sich die Haltemannschaften zur Werft begeben. Während wir noch mal über See zurückfahren und mit ganz geringer Kraft in ca. 300 Meter überm Wasser pendeln, wiegen und abwiegen, gewahren wir hinter uns die grünlich-blaue erleuchtete Halle. Eine Stunde fahren wir hin und her, über Langenargen und die Mündung der Argen, über die neue Verkehrsluftschiffhalle in Löwental und direkt beim ersten Anfahren landen wir – genau wie beabsichtigt und telegraphiert – kurz vor 5.00 Uhr glatt und sanft, so selbstverständlich, als wenn nur eine kurze Spazierfahrt hinter uns läge. Trotz der frühen Morgenstunde haben sich zahlreiche Zuschauer beim Innenpförtner eingefunden, nun wird der Zugang zum Landungsort freigegeben, scharenweise kommen sie auf uns zu. Bald habe ich sie entdeckt, meine liebe Frau und die beiden Jungens mit Blumensträußen. Der Ältere wird in die Gondel gehoben, er fällt mir um den Hals, dann baut er sich vor Dr. Eckener auf, der ihn allem Anschein nach noch von seinem Bonner Besuch und Blumenüberreichung her wiedererkennt, und macht seinen Diener. „Ich freue mich, dass Sie meinen Vati wieder gut heimgebracht haben." –

10 Minuten später sind wir eingehalt, Zollbeamte kommen, Abschied von den Mitfahrern, Autobus, Kurgartenhotel, baden und schlafen. –

Meine „Weltreise" ist zu Ende; rund 21.000 Kilometer habe ich in über 190 Flugstunden zurückgelegt, ein riesiges Erleben, zweifelsohne der Höhepunkt meines Lebens. –

12 Anm. Verlag: Hier handelt es sich vermutlich um Bourg-en Bresse, Frankreich.

13 Anm. Verlag: Hier handelt es sich vermutlich um Dole, Frankreich.

Wieder daheim ...

Wer heute noch nicht von der Bedeutung und Notwendigkeit des Luftverkehrs und des Luftsportes überzeugt ist, dem ist nicht zu helfen, der passt nicht in die heutige Welt hinein. – Diese dauernden Einwendungen Unbelehrbarer von der „Gefährlichkeit" der Luftfahrt!

So lange es Verkehr gibt, wird es auch Verkehrsunfälle geben, werden trotz aller Sicherungen Züge zusammenstoßen, unversinkbare Dampfer untergehen und Autobusse umfallen und von solchen Zwischenfällen wird auch die Luftfahrt nicht verschont bleiben. Würde man einmal die geflogenen und gefahrenen Kilometer der luft- und erdgebundenen Verkehrsmittel miteinander statistisch vergleichen und auswerten, dann würde das Luftfahrzeug keine Stufe an Sicherheit zurückstehen. Ein ganz wütender Statistiker hat mal errechnet, dass man 17 Jahre lang tagtäglich zwischen Köln und Berlin hin- und herfliegen müsste, ehe man einmal die Chance hätte, einer von fünf Insassen des Flugzeuges zu sein, dem ein Fingerchen gekrümmt würde. – Und mit einem Zeppelinluftschiff ist in den 32 Jahren seines Bestehens – die Kriegsereignisse natürlich ausgenommen – noch niemand zu Tode gekommen!

Heute darf jeder ehrlich denkende Deutsche sagen:

„Wir haben einen „Graf Zeppelin", den macht uns in der ganzen Welt keiner nach!"

Und das verpflichtet!

Gewiss langt's nicht bei jedem zu einer Zeppelinfahrt größeren Stils, der Luftschiffbau Zeppelin wird aber in absehbarer Zeit schon Mittel und Wege zu billigeren Kurzfahrten finden. Bis dahin unterstütze jeder nach Kräften das Werk das unvergesslichen Grafen Zeppelin durch Fracht- und Postaufgabe!

Wer auch nur einen kleinen Vorgeschmack von der Luftfahrt erhalten will, der lasse sich in einem Sportflugzeug über seinen

Heimatsort schaukeln und er wird mit der Überzeugung landen, dass nur von oben gesehen die Welt schön ist!

Und wer einmal im Sportflugzeug geflogen ist, der wird für seine nächste Reise die Verkehrsflugzeuge der Deutschen Luft Hansa benutzen und er wird Zeit und Geld sparen!

Auch heute im Zeichen des Großluftschiffes und des Großflugzeuges hat der gute, alte Freiballon noch nicht seine Poesie und Schönheit verloren. Ein Aufstieg unter der großen, gelben Kugel, ohne die kleinste Luftbewegung zu spüren, da man sozusagen der Wind selbst ist, ohne Motoren- und Propellergeräusch, gehört zu den schönsten Genüssen der Luftfahrt!

Man vergesse auch nicht unsere Segelflieger, die für jeden Nagel, für Kaltleim und jedes Stückchen Sperrholz dankbar sind!

Sollte ich meine lieben Leserinnen und Leser durch meine Schilderungen gewonnen haben, so darf ich wohl um ihr Interesse für die deutsche Luftgeltung bitten, für das einzige Kleinod, das uns – wenn auch stark gefesselt – verblieben ist. Und dies geschieht nicht nur aus einer persönlichen, großen Liebe zur Luftfahrt, die mir – Gott sei Dank – Beruf, Sport und Lebenszweck zugleich geworden ist, sondern aus der festen, inneren Überzeugung heraus, dass über allem Dreck und Elend unserer Tage

die deutsche Luftfahrt berufen ist, unser liebes, so hart geknebeltes deutsches Vaterland in der ganzen Welt wieder zu Ehren und Ansehen zu bringen!

Das walte Gott!

Glück Ab!